清末民初文獻叢刊

國學概論

林之棠 著

朝華出版社
BLOSSOM PRESS

圖書在版編目（CIP）數據

國學概論 / 林之棠著. -- 北京 ： 朝華出版社,
2018.9
（清末民初文獻叢刊）
ISBN 978-7-5054-4334-1

Ⅰ. ①國… Ⅱ. ①林… Ⅲ. ①國學－概論 Ⅳ.
①Z126

中國版本圖書館CIP數據核字（2018）第184096號

國學概論

作　　者　林之棠

選題策劃　楊麗麗　尚論聰
責任編輯　胡　泊
特約編輯　秦錦霞
責任印制　張文東　陸競贏
封面設計　劉敬偉

出版發行　朝華出版社
社　　址　北京市西城區百萬莊大街24號　**郵政編碼**　100037
訂購電話　（010）68996618　68996050
傳　　真　（010）88415258（發行部）
聯系版權　j-yn@163.com
網　　址　http://zhcb.cipg.org.cn
印　　刷　藝堂印刷（天津）有限公司
經　　銷　全國新華書店
開　　本　880mm × 1230mm　1/32　**字　　數**　132千字
印　　張　12.5
版　　次　2018年9月第1版　2018年9月第1次印刷
裝　　別　精
書　　號　ISBN 978-7-5054-4334-1
定　　價　95.00元

出版前言

中國自一八四〇年鴉片戰争以來，傳統的農業文明在西方的堅船利炮轟擊之下徹底被顛覆，有擔當的知識分子苦苦追尋，思索社會改革的途徑。從最初的『師夷長技以制夷』到『民主制度，天下之公理』（梁啓超語），他們發現要『强國富民』，首先要『開啓民智』，祇有民衆擁有了獨立思想和批判精神，國家纔能實現真正的强大。在此後一百年的時間裏（一八四〇—一九四九），思想者們從社會變革深入到國民性的改造，用每一部作品見證着中國近代化的遞變歷程。這是一個極其重要的時代，《清末民初文獻叢刊》正是收録了這一時期的作品，大部分書籍都是早期版本，有着極高的文獻研究價值。

清末的中國經歷了『三千年來未有之大變局』（李鴻章語），大清王朝面對西方列强的艦炮，表現得驚慌失措。尤其是鴉片戰争，使『天朝帝國萬世長存的迷信受到了致命的打擊，野蠻的、閉關自守的、與文明世界隔絶的狀態被打破了』（《馬克思恩格斯選集》）。一批士大夫知識分子，尤其是在歐美諸國擔任使臣或者游歷的知識分子最先覺醒，着眼于對西方國家的考察，進而反省本國政治制度的劣勢，可以視作『啓蒙』的端倪。如曾擔任駐英公使（兼任駐法公使）的郭嵩燾在《使西紀程》中以日記的形式記録了自己對歐西諸國的觀感，他在考察了英國的政治制度之後，發現英國政府官員收入超過三百磅者與普通老百姓一樣同等納税，他説：『此法誠善，然非民主之國，則勢有所不行。西洋所以享國長久，君民兼主國政故也。』他明確提出了『民主』，在國家的管理問題上，人民也有參與的權利。他在該書中所披露的西方政治、經濟、文化等領域優于大清帝國這一事實觸動了保守派的神經，立刻遭到保守派群起而攻之，進士何金壽彈劾他『有二心于英國，欲中國臣事之』，他家鄉湖南的民衆對他更是痛加詆毁，以至于滿城揭帖，誣蔑他『溝通洋人』，在這種群情洶洶的情况下，朝廷最後下旨將《使西紀程》毁版，從而使該書成了禁書。然而，書雖被毁版，却不能堵死民衆的傳播與閱讀的途徑，上海的《萬國公報》依舊連載該書，張佩綸曾説：『朝廷禁其書，而新聞紙接續刊刻，中外傳播如故也。』從某種意義上來説，啓蒙是時代的需要，盡管清政府發諭旨禁了該書，民衆乃至一些朝廷大員却依舊在私下閲讀，以便瞭解外部的世界。進步的社會是開放性的，任何企圖『閉關鎖國』的努力都意味着歷史的倒退，衹有開放，與整個世界文明保持同等的步伐，纔能實現真正的强國之夢。當大批知識分子走出閉鎖的國門，親歷了文明的洗禮之後，也就把啓蒙的智識帶回了中華大地。容閎的《西學東漸記》，梁啓超的《新大陸游記》，崔國因的《出使美日秘日記》等一大批作品介紹了海外諸國的政治、經濟、軍事、外交、文化。雖然這些作品在認識上仍然帶有時代的局限性，然而却是那時最爲珍貴的聲音。

另一方面，在學術上，中國文化母體内『經世致用』思想與資産階級思想相結合，也唤起了變革，以康有爲、梁啓超爲首的改良派試圖通過自上而下的革新以實現變革。康有爲的《新學僞經考》《孔子改制考》就是借經學之表論資産階級學説之裏的著作，康有爲的弟子梁啓超更是通過《新民説》一書提出國民性改造。與早期啓蒙者『師夷長技』的器物文明引進不同，梁啓超上升到形而上的精神領域，從文化心理上更加徹底地進行變革。梁氏是清朝末年到民國初年一個橋梁式的人物，被譽爲『輿論之驕子，天縱之文豪』，其影響力不但在學術領域，同時還在文學領域，他所倡導的『詩界革命』得到了譚嗣同、黄遵憲、丘逢甲等人的響應，黄遵憲的《日本雜事詩》，丘逢甲的《嶺雲海日樓詩鈔》都體現了這種主張。這一主張要求反映新的時代和新的思想，用『我手寫我口』（黄遵憲語）的方式直抒胸臆，對長期占詩壇主流的擬古主義、形式主義産生了巨大的衝擊，解放了寫作者的心靈和頭腦。

與社會變革同步的是早期對西方思想著作的翻譯，這裏面影響最大的是嚴復，他翻譯的《天演論》《社會通詮》等書直接孕育了民國一代的知識階層。魯迅、胡適等人在文章中都曾提到《天演論》對他們思想所産生的震撼。與嚴復略有不同的另一位翻譯家是林紓，他的譯作雖然參差不齊，但却在更細膩的心靈層次對讀者産生影響，許壽裳曾回憶，他和魯迅都熱衷于林譯的小説，如《巴黎茶花女遺事》《黑奴籲天録》《迦茵小傳》等作品。

辛亥革命之後，進步社會思潮成爲主流，比之清末思想啓蒙者『求存』的追求，民國以來的知識階層深入到了更加細微的肌理，一方面呼喚社會變革，另一方面進行點滴的建設，革命并不能使所有的一切一蹴而就，在更加深廣的領域，事物的改變是由微觀而宏觀。通俗地説，比之于革命，建設的意義更大。如《中國商業史》《中國教育史》《中國倫理學史》《中國哲學史大綱》《中國小説史略》等一大批作品都是進行系統的梳理與建設的理論作品。其中，以胡適和魯迅二人的影響最大，他們的作品一紙風靡，從而成爲新文化運動的主力人物。

《清末民初文獻叢刊》收録的文獻大致上可以分爲三個階段，其中龔自珍、張之洞、魏源、郭嵩燾、薛福成等人的作品可視爲『早期啓蒙』，康有爲、梁啓超、黄遵憲、嚴復、林紓等人的作品可視爲『中期啓蒙』，胡適、魯迅、蔡元培等人的作品可視爲『晚期啓蒙』。當然，這種劃分并非嚴格意義上的，大部分啓蒙思想者隨着時代的變化，其思想在不斷進步。縱觀整個近現代史，可以發現，要求變革不是在某一個領域，由某一類人發起和完成的，而是全社會的要求。

變革，已經成爲全社會的共識。

從清末民初的文獻中，我們能够發現一種豐富性。這些作品涉及政治、經濟、軍事、教育、外交、宗教、心理、情感等方方面面，從内而外地净化着中國兩千年以來的封建積習。它不衹是對社會的改造，更是對人心靈的重塑；它首重國家社會之建設，同時亦重靈魂心智之唤醒；它是宏大的，也是微觀的；它是嚴肅莊重的，也是活潑靈動的；這些作品結構精巧，思想内容深刻，擁有濃厚的人文主義色彩，對推動社會主義建設，實現中國夢有重大意義，是近現代中國一百年來最宏富的智識與情感的寶藏。因此，整理這些文獻作品，無論是出于資料保存的目的，還是爲圖書館提供資料副本，都有不可估量的意義。

特定時代下的文獻，當它一旦形成（既指草擬，創作的完成，也指其成爲一個載體），就不可再複製了，也就意味着它將面對消亡。對于文獻資料而言，越接近歷史事件發生的時代記録，越具有研究價值。文獻本身具有不可再生性，它祇會消亡，而不會增多。盡管文獻本身的文字可以保留下來，并進行傳播，却失去了當時的時代氣息。當時的作品可能在技巧上，文字的成熟度上不及當代，但它所負載的信息，創作者的情感都反映了當時的歷史，也就是説，它具有不可替代的歷史意義。

影印的版本有三個特點，第一是擁有文獻的『原始性』；第二個特點是『未經改動的』；第三個特點是『歷史的原貌』。所謂『原始性』，也就是説，它是第一手資料，而非轉述的，回憶形成的；『未經改動的』，是指未被篡改、删節、挖補的；『歷史的原貌』是指在影印製作過程中，完全依照文獻的原來模樣……這樣製作出版的作品，無异延續了文獻的壽命。

近現代思想史上的一個最重大的思潮就是『開放』，從林則徐的『開眼看世界』到蔡元培的『兼容并包』，都是在倡導一種開放式的胸襟。而《清末民初文獻叢刊》最有魅力的部分就是『開放』這一主題，衹有融入到世界文明發展的進程中，中華文明纔能歷久彌新。

《清末民初文獻叢刊》編委會

二〇一七年四月十四日

凡例

一、《清末民初文獻叢刊》（以下簡稱『叢刊』）爲影印本，舉凡所用之底本，均爲該書之早期版本。有清末刊本，亦有民國印本。

二、《叢刊》均依底本影印，未予删改，僅代表作者個人觀點，不代表官方立場；原刊本有誤，不予校改，以保留文獻之原貌。

三、《叢刊》所用之底本，因時日久遠存在漫漶的情况，均進行了修復；底本闕文、印刷不清，均保留原貌。

四、爲讀者閱讀之便，《叢刊》中之舊底本目録未標記頁碼者，編了目次；原底本有頁碼和目録，未予重複編目。

五、爲保持文獻的原始風貌，影印本保留了原書書影（原書爲多册，則保留第一册書影）、扉頁等信息。所用底本無相應信息者，則不予妄添，以免錯訛。

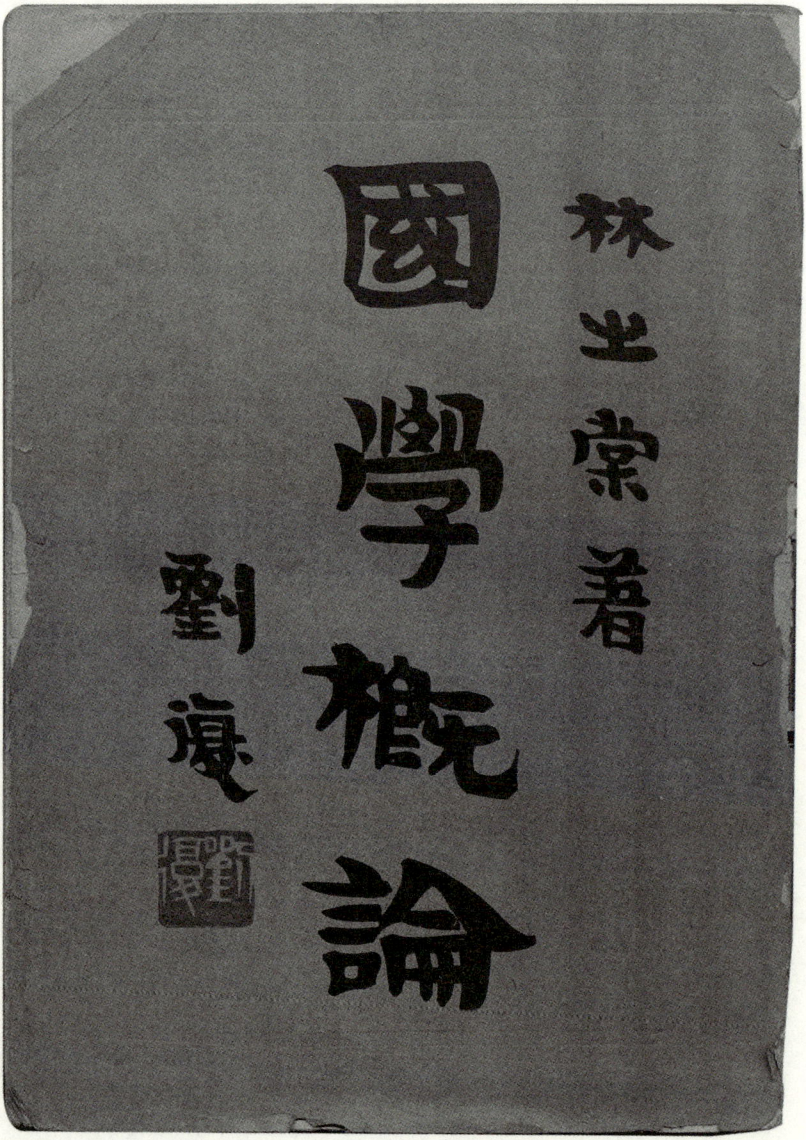
林之棠著
國學概論
劉復

國學概論目錄

福建林之棠著

小學篇

乙 音韵擧要

叚僞篇

經篇

一

子篇

國學概要

小學篇目錄

國學概論

福建林之棠著

小學篇

甲　六書釋例

引言

自來言文字學者，莫不先道六書，研究六書，說文爲尙，此乾嘉以前言小學者所以宗推許氏叔重，譬羣山之有泰嶽，百川之有東海矣，爲之注者若段君玉裁尤卓然有聲於時。

乾嘉以後，鐘鼎卜辭，出土日多，研究所得，往往在許段之上例如：

萬

說文解字，蟲也，從厹，象形，不言何蟲。而卜辭及古金文中□□等形，均象蝎，不從厹。金文或作□。石鼓文始作□，失初狀矣，段先生玉裁云，從厹蓋其蟲四足像獸，依後來字形爲說，失之彌遠。——羅振玉殷墟書契考釋十七葉

行□

□象四達之衢，人所行也，石鼓文或增人作□，其義甚明，由□而變爲□，形已稍失，許書作□，則形義全不可見，於是許君乃釋行，爲人之步趨，謂其字從彳從亍，失彌遠矣。古從行之字，或省其右作彳，或省其左，作亍，許君誤認爲二字者，蓋由字形傳寫失其初狀使然矣，父辛觶□，亦作□，與卜辭合訓宮中道之𡨦字，正從此。許君謂從口，象宮垣道

上之形，不知口，但象宮垣，而象道路者乃在口內之卄字也。

——殷墟書契考釋第二十葉。——

鄉 㗊 㗊 𨞨

此字從㚒，從皀，或從㚒，從皀，皆象饗食時賓主相嚮之狀，即饗食也。古公卿之卿，鄉黨之鄉，饗食之饗，皆爲一字，後世折而爲三，許君遂以鄉入𨛜部，卿入卯部，饗入食部，而初形初誼不可見矣。

——殷墟書契考釋——

是故本篇舉例，不本說文。而依鐘鼎卜辭，惟羅君之釋卜辭，亦有不滿人意處，如

㓁

羅解作沈，謂係象沈牛於水中，即貍沈字，棠案卜辭形體，最有理統

，如逐從人從獸，意重在逐，故不限所逐爲何獸；然則沈從水從獸；意重在沈，則所沈即不獨限於一牛，逐字卜辭有[illegible]，[illegible]，[illegible]，[illegible]，[illegible]，[illegible]，諸文，於沈字何獨無[illegible][illegible][illegible]之文乎？且牛在水中，其首向上，安知非游泳意，既貍沈之，而其首仍出水面，則爲未貍沈也可知。至高原忠周學古發凡釋[illegible]爲犢，既未有明証，羣籍所載，亦復各自爲說，余故旁搜博覽，反復三思，信者書之，疑者闕焉。

若夫叙述文字源流，允詳班志，解釋六書要旨，應推許叙，故附漢書藝文志小學篇及說文解字叙於篇首。

中華民國二十年十二月八日夜六點五十分，草於舊都寓廬

福建林之棠。

班固漢書藝文志曰：

史籀十五篇（周宣王大史作大篆十五篇，建武時亡六篇矣。）

八體六技（韋昭曰八體，一曰大篆，二曰小篆，三曰刻符，四曰蟲書，五曰摹印，六曰署書，七曰殳書，八曰隸書。）

蒼頡一篇（上七章秦丞相李斯作，爰歷六章，車府令趙高作，博學七章太史令胡母敬作。）

凡將一篇（司馬相如作）

急就一篇（元帝時黃門令史游作。）

元尙一篇（成帝時將作大匠李長作。）

訓纂一篇（揚雄作。）

別字十三篇

蒼頡傳一篇

揚雄蒼頡訓纂一篇

杜林蒼頡訓纂一篇

杜林蒼頡故一篇

凡小學十家四十五篇（入揚雄杜林二家三篇。）

易曰：上古結繩以治，後世聖人易之以書契，百官以治，萬品以察，蓋取諸夬，夬揚于王庭，言其宣揚於王者朝廷，其用最大也。古者八歲入小學，故周官保氏掌養國子，教之六書，謂象形，象事，象意，象聲，轉注，假借，造字之本也。漢興蕭何草律，亦著其法曰，『太史試學童能諷書九千字以上乃得爲史』又以六體試之，課最者以爲尚書御史，史書令，史，吏民上書，字或不正，輒舉劾。六體者：古文，奇字，篆書，隸書，繆篆，蟲書，皆所以通知古今文字，摹印章，書幡信也。制書必同文，不知則闕，問諸故老，至於衰世，是非無正，人用其私，故孔子曰：『吾猶及史之闕文也，今亡矣夫，』蓋傷其寖不正。

史籀篇者，周時史官敎學童書也，與孔氏壁中古文異體。蒼頡七章者，秦丞相李斯所作也。爰歷六章者，車府令趙高所作也。博學七章者，太史令胡毋敬所作也，文字多取史籀篇，而篆體復頗異，所謂秦篆者也，是時始建隸書矣，起於官獄多事，苟趨省易，施之於徒隸也。漢興閭里書師，合蒼頡，爰歷，博學三篇，斷六十字以爲一章。凡五十五章，并爲蒼頡篇，武帝時司馬相如作凡將篇，無復字。元帝時黃門令史游作急就篇，成帝時將作大匠，李長作元尙篇，皆蒼頡中正字也。凡將則頗有出矣，至元始中徵天下通小學者百數，各令記字于庭中，揚雄取其有用者，以作訓纂篇，順續蒼頡，又取蒼頡中重復之字，凡八十九章，臣復續揚雄作十三章，凡一百三章無復字，六藝羣書所載略備矣。蒼頡多古字，俗師失其讀，宣帝時徵齊人能正讀者。張敞從受之，傳至外孫之子杜林爲作訓，故並列焉。」

許愼說文解字叙曰：『古者庖犧氏之王天下也。仰則觀象於天，俯則觀法於地，視鳥獸之文與地之宜，近取諸身，遠取諸物：於是始作易八卦以垂憲象。

及神農氏(？)結繩爲治，而統其事；庶業其緐，飾僞萌生。黃帝之史倉頡(？)見鳥獸蹏迒之迹，知分理之可相別異也；初造書契，百工以乂，萬品以察，蓋取諸夬，夬，揚于王庭，言文者宣教明化於王者朝廷，君子所以施祿及下，居德則忌也。

朝廷，君子所以施祿及下

倉頡（？）之初作書，蓋依類象形，故謂之「文」；其後形聲相益，即謂之「字」。文者物象之本，字者言孳乳而浸多也。著於竹帛，謂之「書」。書者如也。以迄五帝三王之世，改易殊體，封於泰山者七十有二代，靡有同焉。

周禮八歲入小學，保氏教國子先以(六書)：一曰指事——指事者，視而可識，察而見意；「上」「下」是也。二曰象形——象形者，畫成其物，隨體詰詘，「日」「月」是也。三曰形聲——形聲者，以事爲名，取譬相成；「江」「河」是也。四曰會意——會意者，比類合誼，以見指撝；「武」「信」是也。五曰轉注——轉注者，建類一首，同意相受；「考」「老」是也。六曰假借——本無其字，依聲託事；「令」（棠案卜辭令從人爲會意。）「長」是也。

及宣王太史籀（？）箸「大篆」十五篇，與「古文」或異。至孔子書六經，左丘明述春秋傳，皆以古文；厥意可得而說。

其後諸侯力政，不統於王；惡禮樂之害己，而皆去典籍。分爲七國：田疇異畮，車涂異軌，律令異法，衣服異制，言語異聲，文字異形。

秦始皇帝初兼天下，丞相李斯乃奏同之，罷其不與秦文合者。斯作倉頡篇，中車府令趙高作爰歷篇，太史令胡毋敬作博學篇，皆取史籀大篆或頗省改；所謂「小篆」者也。

是時秦燒滅經書，滌除舊典；大發隸卒，興役戍，官獄職務繁，初有「隸書」以趣約易。而古文由此絕矣。

自爾秦書有（八）體：一曰大篆，二曰小篆，三曰刻符，四曰蟲書，五曰摹印，六曰署書，七曰殳書，八曰隸書。漢興有「艸書」。

尉律，學僮十七已上始試，諷籀書九千字，乃得爲吏；又以八體試之，郡移太史並課，最者以爲尙書史，書或不正，輒舉劾之。今雖有尉律，不課，小學不修，莫達其說久矣。

孝宣時，召通倉頡讀者，張敞從受之；涼州刺史杜業，沛人爰禮，講學大夫秦近亦能言之。孝平時徵禮等百餘人，令說文字未央廷中；以禮爲小學元士。黃門侍郎楊雄采以作訓纂篇，凡倉頡已下十四篇，凡五千三百四十字；羣書所載略存之矣。

及亡新居攝，使大司空甄豐等校文書之部，自以爲應制作，頗改定古文，時有「六書」：一曰古文，孔子壁中書也；二曰奇字，即古文而異者也；三曰篆書，即小篆；四曰佐書，即秦隸書，秦始皇帝使下杜人程邈所作也；五曰繆篆，所以摹印也；六曰鳥蟲書，所以幡信也。

壁中書者，魯恭王壞孔子宅，而得禮記，尚書，論語，孝經。又北平侯張蒼獻春秋左氏傳。郡國亦往往於山川得鼎彝，其銘即前代之古文，皆自相似；雖叵復見遠流，其詳可得略說也。」

而世人大共非訾，以爲好奇者也，故詭更正文，鄉壁虛造不可知之書，變亂常行，以燿於世。諸生競逐說字解經誼，稱秦之隸書，爲倉頡時書云：「父子相傳，何得改易。」乃猥曰：「馬頭人爲長，人持十爲斗，虫者屈中也。」廷尉說律至以字斷法：「苛人受錢，苛之字止句也。」若此者甚衆：皆不合孔氏古文，謬於「史籀。」俗儒鄙夫，翫其所習，蔽所希聞，不見通學，未嘗覩字例之條：怪舊埶而善野言，以其所知爲秘妙，究洞聖人之微指；又見倉頡篇中「幼子承詔。」因曰「古帝之所作也，其辭有神仙之術焉。」其迷誤不諭，豈不悖哉？書曰：「予欲觀古人之象，言必遵修舊文，而不穿鑿」。孔子曰：「吾猶及史之闕文，今亡矣夫！」蓋非其不知而不問，人用已私，是非無正；巧說衺辭，使天下學者疑。蓋文字者，經藝之本，王政之始，前人所以垂後，後人所以識古，故曰：「本立而道生，」知天下之至賾而不可亂也。

今叙「篆文」，合以「古」「籀」，博采通人，至於大小，信而有證，稽譔其說；將以理羣類，解謬誤，曉學者，達神指，分別部居，不相雜廁也。萬物咸覩，靡不兼載，厥誼不昭，爰明以諭。其稱易孟氏，書孔氏，詩毛氏，禮周官，春秋左氏，論語，孝經，皆古文也。其於所不知蓋闕如也。」

六書釋例

福建林之棠著

（一）象形

象形者「畫成其物，隨體詰詘」⊙[古文]是也。象形有四：

（甲）純象形：

⊙卜辭日字，一作「[古文]」，「[古文]」。

[古文]卜辭月字，一作「[古文]」，「[古文]」，「[古文]」。

[古文]卜辭火字，一作「[古文]」，「[古文]」。

[古文]卜辭舟字，一作「[古文]」，「[古文]」。

[古文]卜辭禾字，上象穗與葉，下象莖根，許君云：「從𠂹省」，誤以象形爲會意矣。

[illegible]卜辭水字，象泉水並流，中有微陽之氣也，一作[illegible]，石鼓文作[illegible]，骨版文作[illegible]，作[illegible]，又作[illegible]。

[illegible]卜辭鹿字。

[illegible]卜辭燕字。

[illegible]卜辭魚字。

[illegible]卜辭豕字。

[illegible]卜辭鼎字。

[illegible]卜辭角字。

[illegible]周器文倉字。

[illegible]卜辭郭字，周器文作[illegible]，殷器文作[illegible]。

[illegible]卜辭亯字。

十卜辭甲字，古金文均作十，說文解字甲，古文作□。

□卜辭子字，一作「□」，「□」，「□」，「□」，「□」，說文解字子古文作□，籀文作□，卜辭中子丑之子，皆作□。

□卜辭雨字，一作「□」，「□」，「□」，「□」，「□」，「□」，「□」，說文解字，雨古文作□。

□卜辭人字一作□。

□卜辭鼻子一作「□」，「□」。說文解字自，鼻也，象鼻形，古文作□。

□卜辭羊字，一作「□」，「□」。

□卜辭犬字一作「□」，「□」，「□」，「□」。

□卜辭象字。象耳牙，四足之形。

□卜辭車字，一作「□」，「□」，「□」，「□」，說文解字籀文作□，毛公鼎作□，許從戔乃由□而譌。

□卜辭爲字，說文解字，「爲」母猴也，其爲禽好爪，下腹爲母猴形。王育曰：爪象形也，古文作□，象母猴相對形，案爲字古金文及石鼓文並作□。

□卜辭弓字。

□卜辭雞字。

□卜辭牛字。

(乙)合體象形

□卜辭電字，說文解字，電古文作□，此從□，象電形□象雨點，合雨與電兩體爲電形。

[glyph]卜辭宮字，一作[glyph]，[glyph]外象宮之外形，內從呂，從呂，象有數室之狀，從[glyph]象此室達於彼室之狀，此合宀與呂二形而爲宮形也。說文解字謂從躳省聲，誤以象形爲形聲矣，謂躳從宮省則可耳。

門卜辭門字，一作門，象門加鍵，又作[glyph]，則上有帽也。

[glyph]卜辭筆字，象合手持筆二形，爲筆。

[glyph]卜辭樂字，從絲附木，琴瑟之象。一作[glyph]或增日以象調弦之器。

[glyph]卜辭血字，一作[glyph]，說文作[glyph]，祭所薦牲血也，從皿，一象血形，此從口者，血在皿中，側視之則爲一，俯視之則成◇矣。

[glyph]卜辭酒字，一作『[glyph]』，『[glyph]』，『[glyph]』，從酉，從彡，象酒由尊中挹出之狀，說文解字酉與酒訓略同，本爲一字，故古金文酒字皆作酉。

□卜辭州字，旁象川流，中央象土地，合川流土地二形爲州。

(丙)象形兼形聲兼假借

□卜辭裘字，一作□，作□，說文解字裘古文省衣作□，石鼓文又由作□，此省又作□形，當爲裘之初字，許君云古者衣裘，故以毛爲裘，故求爲象形字，裘爲形聲，求既爲獸皮而未製衣，是含求得之誼，故引中爲求匄之求。

(丁)象形而無定形

□卜辭系字，說文解字，系古文作□，此與許書篆合，□象餘之緒或在上端，或在下端，無定形。

(戊)變體象形

□卜辭屰字，爲倒人形，示人自外入之狀。

(二)象事

指事者，「視而可識，察而見意，」□□是也。指事有二：

(甲)純象事

□卜辭形字。書形日之形不見許書，公羊宣八年傳注「形形不絕，」是形不絕也。一作□□。

□卜辭即字，就食也，就食無形可象，故從人，□食具也一作「□」，「□」。

□卜辭既字，義與即同，一作「□」，「□」，「□」。

□卜辭出字，說文解字出，進也，象草木益滋上出達也。

□卜辭高字，一作「□」，「□」。

□卜辭亞字，說文解字，亞，醜也，象人局背之形，古金文同。

多卜辭多字。

小卜辭小字。

于卜辭于字，一作『于』『于』說文解字亏於也，象气之舒亏從丂从一一者其气平也，古金文皆作于。

乃卜辭乃字，一作乃說文解字，乃古文作乃，籀文作乃，象詞之難出故屈曲之，以見氣不直遂之意。

(乙)合體象事

示卜辭示字，一作『示』『示』說文解字示古文作示，卜辭有川作丨者皆所以明天垂象之意。

母卜辭母字，一作母，小篆作母，雨注以爲乳之意。

死卜辭死字，象人跽形，生人拜於朽骨之旁，死之誼昭然矣。

□卜辭立字，象人立在地上。

□卜辭見字從人目。

□卜辭曰字，說文解字曰詞也，從口乙聲，亦象口出氣也，卜辭從一不作乙，散盤亦作□，晚周禮器，乃有象口出气形者。

□卜辭丞字，象人臽阱中，有抍之者，臽者在下，抍者在上故從廾，象升之者之手也。

□卜辭之字，從止，從一人所之也。

□卜辭洗字，一作□，從『□』從『□』置足於水中洗也。

□卜辭盇字，一作『□』，『□』，『□』，象血水益出之狀。

□卜辭晝字，象日光輝四射之狀，後世篆文所從之□引長之而作□又增聿，形義全晦，於是許君遂以隸晝部而爲與夜爲界之說矣。

三象意

象意者，「比類合誼，以見指撝」□□是也。象意有三：

（甲）純象意

□卜辭明字，一作□，說文解字，明古文作□。

□卜辭邑字，一作□，說文解字邑從卩，案凡許書所謂卩字，考之卜辭，及古金文，皆作□象人跽形，邑爲人所居，故會口人以見意。

□卜辭圖字，一作□，此即都鄙之本字，古金文都鄙字皆不從邑，從邑者後來所增也。圖爲倉廩所在，故從口從㐭。

□卜辭塵字，鹿行而塵揚，會鹿與土以見意。

□卜辭牢字，一作『□』『□』『□』，牢爲獸闌，不限牛，故其字從牛□。

圂卜辭圂，一作圂，或一豕或二豕，固不限豕數也，故從豕囗。

羞卜辭羞字，會手持羊進獻之象，說文解字云從丑，丑亦聲，誤以會意爲形聲矣。

戎卜辭戎字，說文解字戎兵也，從戈從甲，卜辭與古金文從戈從十，十古文甲字，今隸戎字尚從古文甲，亦古文多存於今隸之一証矣。

伐殷器文伐字，一作伐，卜版文作『[illegible]』『[illegible]』『[illegible]』皆象手持戈狀。

射卜辭射字，說文解字從矢從身，篆文作射，從寸，寸法度也，亦手也，卜辭中射字，皆爲張弓注矢形。

樊卜辭焚字，說文解字樊燒田也，集韵焚樊一字。

令卜辭令字，說文解字令發號令也從亼卪，案古文令從亼人集衆人而命令之，故古令與命爲一字一誼，許書從卩之解皆誤。

抑卜辭抑字，從爪從跽，象以手抑人而使之跽。

武卜辭武字，說文解字，止戈爲武。

戔卜辭戔字，二戈相向，當爲戰爭之戰，說文解字戔賊也。

逐卜辭逐字，一作『[glyph]』『[glyph]』說文解字，逐追也，從辵從豚省，此或從豕，或從犬，或從兎，從止象獸走壙而人追之也。

（乙）象意兼象形。

侯卜辭侯字，射侯也。一作[glyph]，說文解字侯從人從厂，象張布，矢在其下，古文作[glyph]與此同，古金文亦均從厂。

麑卜辭麑字象鹿子隨母，會合鹿兒爲鹿子。

集卜辭集字，毛公鼎作集，從隹，在木上與此同。

（丙）象意兼象聲

殷卜辭歷字從止從秝，足行所至皆禾也，以象經歷之意。說文解字歷經過也，從止厤聲，書契後編作𣦼，所經皆木，亦得示歷意。殷卜辭逆字，一作屰，說文解字逆迎也，從辵屰聲，案從辵從屰者，象人自外入而辵以迎之，或省止。

四象聲

象聲者以事爲名，取譬相成，江河是也。象聲字左右上下排列原無一定，如姘卜辭作㛸一作𡟰，濩卜辭作濩一作濩蓋古人書寫之法，以物賦形，繁簡任意，故本篇對於左象右聲，右象左聲，外象內聲，內象外聲等例，悉闕不載。象聲有七：

甲一象一聲

鄢骨版文鄢字，說文鄢南郡縣從邑焉聲。

鄄古鉨文鄄字，說文鄄今濟陰縣鄄城，從邑垔聲。

邛邛中嬭鐘邛字，說文邛邛地在濟陰縣，從邑工聲。

郰郰隨逕璽，郰字，說文郰魯下邑，從邑取聲。

乙二象一聲

禥卜辭禥，從示，從土，其聲。

碧古籀碧字，說文碧，石之青美者，從玉石，白聲。

丙三象一聲

寶周敔敦寶字，從宀，從王，徒貝，缶聲。一作『寚』『寶』周魚母鼎作寶，周穌公敦作寶。

丁象聲原會意

澡卜辭澡字，說文解字澡洗手也，從水，喿聲，此從臼象水從彡象手，彡在水中，是澡也，許書所載後起字。

濯卜辭濯字，說文解字濯澣也，從水翟聲，此從……象水羽象帚，所用以澣者，置羽水中是也。許書作濯亦後起字。

戊象聲亦象意

陵卜辭陵字，說文解字，陵大𨸏也，從𨸏，夌聲，案陵訓棶，訓上，訓升，故此字象人梯而升高，一足在地，一足階而升。

降說文解字，降下也，從𨸏，夅聲，又夅，從夊，牛相承不敢並也，案從𨸏，示山陵形，夅象兩足由上而下，此字之意，亦但示二足下行也。

登卜辭登字，從足，從手，捧豆，會意，豆亦聲。

己本象聲而爲象意

[illegible]卜辭武，從行從武，此步武之本字，後世經典，借武字爲之，而專字亡矣。

庚象聲之象變而聲不變

[illegible]最古文盤，又作[illegible]，篆文作槃，從皿從金從木，形已變而般之聲音，迄不變也。

五轉注

轉注者「建類一首，同意相受」[illegible]是也。轉注有四：

甲雙聲轉注

[illegible]卜辭追字，逐也。猪龜切，支韻。

[illegible]卜辭逐字，追也。柱育切，屋韻。

「猪」「柱」同在知聲，(ㄉ)t(古)端紐。

乙疊韵轉注

𢽾卜辭教字，戒孝切，效韵。從攴孝聲。

𢽿卜辭效字，系貌切，效韵，從攴，交聲。

教效同在效韵。

丙同音轉注

𢓊卜辭德字，得也，相視而有所得也。多黑切，職韵。

𢔶卜辭得字，得，行有所得也。多黑切職韵。

德得皆從彳，端紐職韵。

丁旁紐轉注

桴桴字，扶尤切，金文作孚。

糅棟字，姤甕切。

桴之毋音尤，日紐(ㄖ)(ㄋ)，古音歸泥ㄋn，棟之子音姤，端紐，尤姤雖不同音，然同係舌音，故稱雙聲。

附古紐十九類

深喉音	淺喉音	舌音	齒音	脣音
影（喻于）	見（羣）	端（知照）	精（莊）	（幫非）
	溪	透（徹穿審）	清（初）	（滂敷）
	曉	定（澄神禪）	從（牀）	（並奉）
	匣	來	心（山斜）	（明微）
	疑	泥（娘日）		

古紐標目，僅十九類，今音增二十二類，即古紐下附注是也。雙聲云者，即一字同一子音，同一紐故也。凡字不同一子音，而發音之部位同，則爲旁紐。

附古韵二十八部

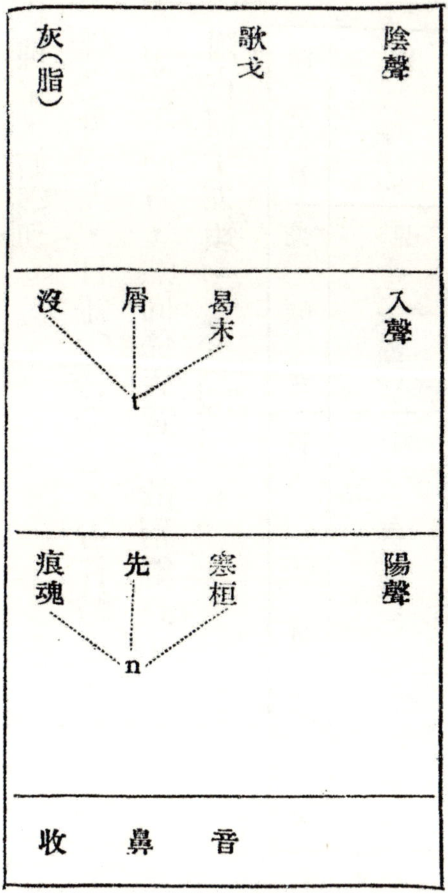

	齊（支） 模（魚） 侯 豪宵 蕭（幽） 咍（之）
合 怗 p	錫 鐸 屋 沃 德 → k
覃（侵） 添（談） (m)	青（耕） 唐（陽） 東 冬 登（蒸） → ng
閉脣	收舌抵齶

陰聲 + ng 或 n 或 m = 陽聲

右表所列三十二韻，即自廣韻二百六韻中取出，其陰聲之「歌」「戈」，入聲之「曷」「末」，陽聲之「寒」「桓」「痕」「魂」，廣韻作八韻，今合作四韻，凡收鼻音者，其陰陽入聲之聲均稱同列，皆相通轉，爲旁轉。收舌抵齶，及閉唇者亦如之。其陰陽入相對者爲對轉，自旁轉而成對轉者爲旁對轉。此原則也，「歌」無入，可與「曷」「寒」爲對轉，「蕭」亦無入，可與「沃」「冬」爲對轉，此例外，其詳當於下論音時述之。

六假借

假借者，「本無其字，依聲託事，」令長是也：假借有七：

甲引中本義之假借

[illegible]卜辭鳴字，說文解字，鳴，鳥聲也，從鳥從口，此從鷄從口鷄司

時者也，應時而鳴，引申而爲凡鳥之鳴。石鼓文作[illegible]。

[illegible]卜辭獸字，田獵也，古者以田狩習戰，故從戰省，以犬助田狩，故字從犬，引申之，爲禽獸之戰。

[illegible]卜辭戔字，二戈相向爲戰爭之戰，引申之爲黷武無厭，斯爲賊之賊。

[illegible]卜辭采字，象取果於木之形，故從瓜果，或省果從木，取果爲采，引中而爲樵采及凡采擇之采字。

乙古假借字今折而二之

[illegible]卜辭鳳字，一作「[illegible]」「[illegible]」，說文解字，鳳古文作「[illegible]」。古金文不見風字，假鳳爲風，後世乃分鳳風爲二字。

重文之假借

□卜辭歷字爲經歷之意，歷歷分明也，搜神記前世之事歷歷可聞。□卜辭與字，一作「𦦵」「𠔱」從般象二人相授爲受與之初誼，說文借爲黨與，重文「與與」則爲蕃蕪貌，詩「我黍與與」又作威儀中適貌，論語「與與如也，」是也。

田卜辭田字，象田形，重文「田田」，狀哭聲也，禮「殷殷田田，何如壞牆焉」，又蓮葉浮水貌，江南曲，「江南可採蓮，蓮葉何田田」是也。

□爲城邑之邑字，重文「邑邑」則與悒悒通，史記安能邑邑待數十百年，又微弱貌，楚辭「風邑邑而閉之」是也。

丙省文段借

□辟辟害敎三王在辟宮，辟宮即辟廱也，此以辟爲辟，省文叚借耳。

瞏番生敦瞏字，借瞏爲環，毛公鼎同。

章師遽方尊章字，省王，原環璋，從王，此省文段借也。

丁增文叚借

叚師袁敦叚字，左傳「晉侯使瑕嘉平戎于王」，周禮典瑞注作「叚嘉」，又與瘕通，禮記聘義「叚不掩瑜」，注玉之病也。又或增王爲瑕，增虫爲蝦，增彳爲徦皆原出叚字。

戊存聲省形之叚借

寒㝬敦寒字，經傳寒字皆借塞爲之，存聲省形叚借之通例。

己聲變段借

資此篆集形，資字，叚借爲王，禮記「緇衣資冬祈寒」，鄭注「

資當爲至，齊魯之語」聲之誤也。

庚同聲叚借

䖵蛟篆鐘萅字，又段作芚，莊子齊物論，「聖人愚芚」芚即由萅省日耳；一作鈍，鈍芚同在端聲。

皋文考鐘皇字，後世作煌作鍠，最古文字惟皇，故作「煌」「鍠」者，同聲段借耳。

音韻擧要

引言

文字學分字形，字義，字音，歸納形與義爲一學科，名曰形義學；音另爲一學科，名曰音韻學。

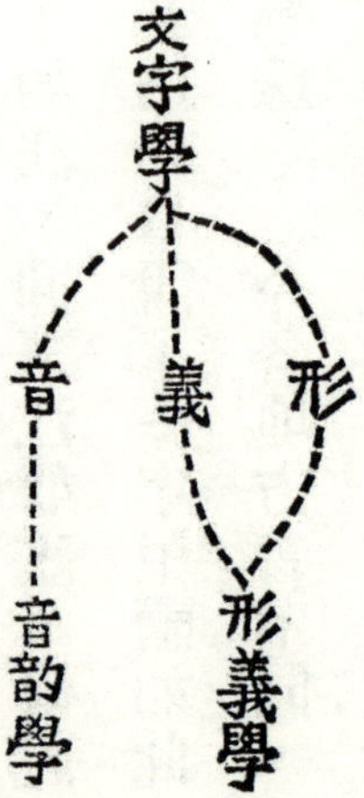

如江河二字皆水也，既象形亦取義，設古音讀江如工，讀河與可同韻。則右旁從工，從可，取譬其音以成字。即可知江河二字實形音義三要素俱備。

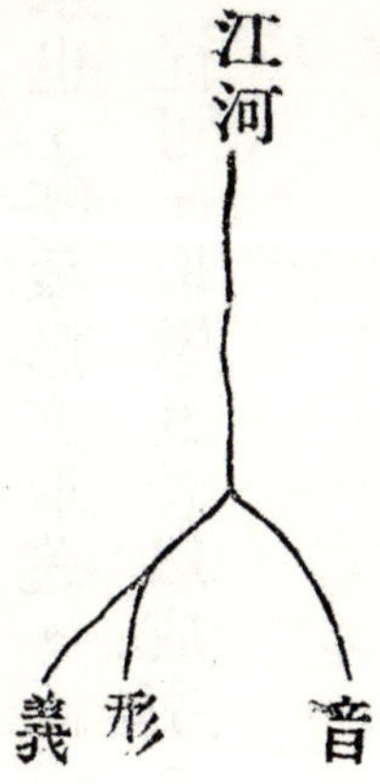

惟古音是否讀工如江，抑讀江如工，傳說如此，未得確証，實不敢據爲定論。蓋聲音由於口說，一字甲讀如此，乙讀如彼，彼此方音不同，發音便大相懸殊，今各地方音不同，即可知古各地方音亦必不能一致，古今之方音不能一致，則古今人發音更不能使之强同。而欲以今讀同古，不可得矣。若夫形與義，則書本上有字跡可尋，如求秦文，可看說文；周文可看鐘鼎；漢魏字，可看漢碑，魏碑，一一皆可據字以考。音則出口便烟消雲散，無復踪跡可尋，姑不必言二千年前之古韵何若，即一秒鐘前之音，除留聲機外，便無法可聽，是以論音難，論古代之音韻學尤難，論古代音韻學而兼及現代科學的語音學，且以簡單之語句作有統緒之敘述，則愈難，昔錢玄同師在北大講音韻學沿革，三年而未完，林語堂師在北大講英文語音學，一載僅及其大半，劉半農師在北大講世界語音學，學年終儀器實驗方開始，余甚服三先生音學之浩博，以三先生音學之浩博，猶不能於短時期內述其梗概，況其下者乎？足見斯學之深而講述之難矣。本篇所及，或採師說，或據專書，假定云耳。

（二）音韻學沿革

吾國韻學，斷自周代，研究周代韻學之最著成績者當首推顧氏炎武，其音學五書，爲言古韻之第一部良書，顧氏以降，如江永之古韻標準，段玉裁之六書音均表，張成孫之說文諧聲譜，丁履恆之形聲類編，姚文田之說文聲系，江沅之說文解字音均表，江有誥之音學十書，章炳麟之成均圖及黃侃之音略於整理古韻之功，皆與有力焉。周以前，便無可考矣，比較可信之尙書中堯典、甘誓，湯誓等篇，祇可供歷史上之才料，以言音韻則去之彌遠。故欲言周代音韻，當以詩經爲正才料，老子，楚辭之九歌，離騷，莊子，左傳，國語，墨子，爲副才料。

詩經中之商頌，古文家以爲係商朝之頌，今文家以爲係春秋宋襄公時人所作，古文今文之爭論，其時代相去竟差四百載之久，案周頌執競云：「自彼成康，奄有四方」，故周頌當在成王康王之後，魯頌閟宮明載奚斯所作，其人見諸國語，故亦當爲魯僖公時產物，然則以商頌爲宋襄公時人所作，諒不去遠，其餘十五國風，及大小雅屬之周詩，當無問題，故言周音當以詩經爲正才料。易象傳，荀子，亦可作參攷，此爲韻學之初期。

第二時期爲兩漢，兩漢音韻當從司馬相如楊雄諸人之賦中求之，惜未有人加以研究，許愼說文中「讀若」「讀與某同」，皆漢音，緣許氏爲漢和帝時人故也。說文之外，若劉熙釋名，如云「玄，懸也。噎，翳也。地，底也。山，產也。親，襯也。妹，昧也。姊積也。道導也。德，得也。」皆以雙聲爲釋，可作辨別漢音之梯階。

第三時期爲魏晋六朝，此時期第一部韻書爲魏李登之聲類，其次爲晋呂靜之韻集，到南北朝，南人作韻書以南音爲準，北人作韻書，以北音爲準，南以金陵，北以河南，說詳顏之推家訓。陸德明作經典釋文，即根據魏晉六朝經師之說，歸納成書，故亦可謂陸氏集魏晉南北朝韻學之大成。

第四時期爲隋唐宋，本期韻書，如隋陸法言之切韻，唐王仁煦之刊繆補缺切韻，孫愐之唐韻，李舟之切韻，宋陳彭年之廣韻，丁度等之集韻，禮部韻略，劉淵之新刊禮部韻略皆是。

切韻自隋傳至清，支配及數百載之久，然此書自宋以來，已淪亡不可知，廣韻爲宋初官書，即根據切韻改正而成者，清儒好古，切韻與廣韻之異同，則無人能知，近幾年來，始發現此書於燉煌石室，名曰唐寫本切韻，殘卷三種，今有王國維抄印本。燉煌石室書原本存巴黎，國民圖書館，又燉煌石室中發現一五代刻本，存英國博物館。

第五時期爲元明清以降，本期韻書以元周德清之中原音韻爲最有價值，由聲音實用之歷史觀之，更爲有用，此書根據黃河以北之音，元曲押韻之音，與當時北方音大致相同，此外尚有元卓從之之中州音韻，菉斐軒之詞林韻釋。至詞林要韻在粵雅堂叢書中，係詞林韻釋之化裝。

明有樂韶鳳等之洪武正韻，此書亦抄自中原音韻，明代諸儒奉爲典型，至明蘭茂之韻略易過，畢拱辰之韻略匯通，喬中和之元韻譜亦復可觀。

清樊勝鳳之五方元音，李汝珍之李氏音鑑，勞乃宣之等韻一得。亦卓然有聲於時，最近音韻家，有劉師半農錢師玄同林師語堂，及黎劭西先生趙元任先生，此五氏皆以科學方法研究音律，其精密處，往往在前人之上。

(三) 發音機關圖

發音機關圖

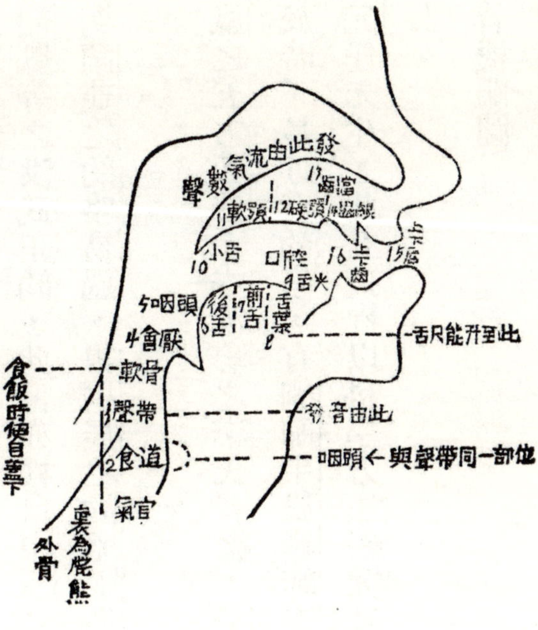

（四）發音之原理與聲音之强弱長短高低

聲音由於物體顫動 Vibration 觸於耳膜，人方聞其聲，傳達此物體之聲之媒介則空氣是也。

聲音有長短強弱高低之別，所作時間多，則音長，時間少，則音短。振幅小則音弱，振幅大則音強。音高則浪短，顫動數多，音低則浪長，顫動數少，如圖甲，

圖甲

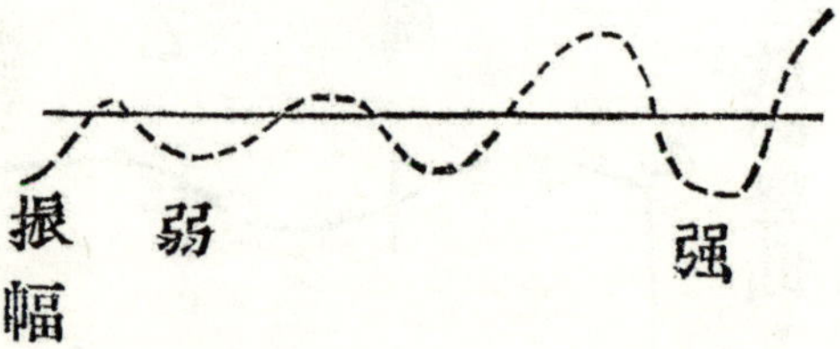

前半振幅小，則聲弱，後半振幅大故聲強。又如圖乙

圖乙

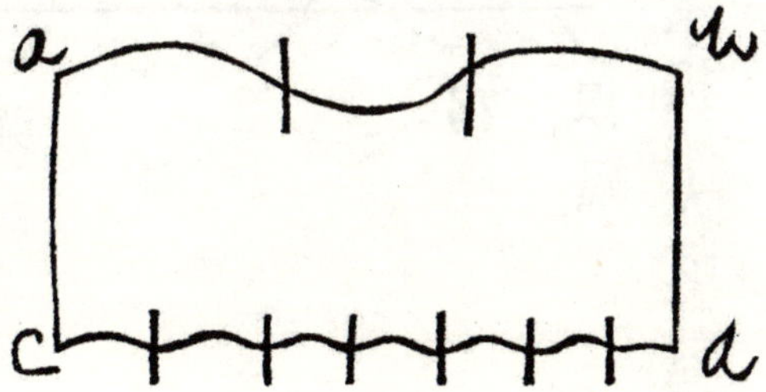

ab振動三，cd振動七，故ab聲低，而cd聲高，

五 反切

反切之法肇自魏孫炎之爾雅音義，反語之稱，應劭王肅即已用之。其法即與奈何爲那，之乎爲諸者同，上一字取其雙聲，下一字取其

疊韻。「如」當，都郎切，「茫」，莫郎切，「當」「都」雙聲，「當」「郎」疊韻，「茫」「莫」雙聲，「茫」「郎」疊韻是也。

當 tang　tu　lang

茫 mang　mo　lang

六　聲與韻

聲即子音 Consonant 一名體文，一名輔音。韻即母音，Vowel 一名韻攝，一名聲勢，一名元音。

七　陰聲陽聲

陰聲者，其音下收于喉，而不上揚；陽聲不下收於喉，而上出於鼻。陰聲如支脂微魚虞是也。陽聲如陽東冬江眞是也，陰陽之分，則以有無鼻音爲準，故陰聲加鼻音爲陽聲；陽聲去鼻音爲陰聲。

八　清聲濁聲

所謂清聲濁聲者，一言以蔽之曰：「清聲聲帶不振動，濁聲聲帶振動」而已。如「S」「F」「p」爲清聲；「m」「v」「z」爲濁聲。

九　送气不送气

不送气之音，如pa；送氣之音，如Pha，亦簡作P'a。

十　等呼

江愼修謂音有四，一等洪大，二等次大，三等細，四等尤細。案音有開口合口二等，開合又各有洪細二等，即開口洪音，開口細音，合口洪音，合口細音是也。試以寒桓先韵中影聲字言之，則安爲開，拼作 an，烟爲齊，拼作 ian，剜爲合，拼作 uan，淵爲撮拼作 üan，所謂以 i u ü 三母省齊合撮者理則同也。

茲列表如下

	洪　開口	細　齊齒
開	歌 O 開	io 齊
合	戈 uo 合	üo 撮

十一　塞鼻分通

塞聲一名破裂聲，其音先閉塞，而後衝破，使氣流爆發而出者，如 k b t 之類是也。

鼻聲，此音初亦嚴密閉塞，後因軟腭遮掩，使氣流從鼻中透出，如mn之類是也。

分聲，一名邊聲，發此音時，舌尖與齒齦相接觸使氣流由兩旁透出，如l之類是也。

通聲，一名摩擦聲，發此音時，被阻之部位，閉塞不嚴密，氣流得以摩擦而通過，如vsz之類是也。

(1)國際音標之声母英讀與拼音對照表

CONSONANTS

	Phonetic symbol.	Key Word	Phonetic Spelling
1.	p	pip	pip
2.	b	bib	'bib
3.	t	tit	tit
4.	d	did	did
5.	k	kin	kin
6.	ɡ	gig	gig
7.	m	mid	mid
8.	n	nip	nip
9.	ŋ	King	kiŋ
10.	l	lip	lip
11.	r	rib	rib
12	w	wit	wit
13.	f	fit	fit
14.	v	vivid	vivid
15.	θ	thin	θin
16.	ð	this	ðis
17.	s	sit	sit
18.	z	zest	zest
19.	ʃ	ship	ʃ.p
20.	ʒ	vision	viʒn
21.	ɹ	rib	ɹib
22	j	yet	jet
23	h	hit	hit

上表係根據Noël-Armfield, G. 所著之General Phonetics 頁12 13 繪

(2)國際音標之韵母英讀與拼音對照表

VOWELS.

Phonetic symbol.		Key word.	Phonetic spelling.
1.	iː	east	iːst
2.	i	imp	imp
3.	e	end	end
4.	æ	hat	hæt
5.	ɑː	Shah	ʃɑː
6.	ɔ	hot	hɔt
7.	ɔː	haul	hɔːl
8.	u	put	put
9.	uː	pool	puːl
10.	ʌ	nut	nʌt
11.	əː	bird	bəːd
12	ə	villa	vilə

VOWELS HEARD USUALLY ONLY IN DIPHTHONGS IN SOUTHERN ENGLISH.

Phonetic Symbol.		Key Word.	Phonetic Spelling
13.	a	aisle	ail
14.	ɛ	pair	pɛə
15	o	boat	bout

上表係根據Noël-Armfield. G. 所著之General Phonetics 繪

(3)國際音標音素表

CONSONANTS子音	Bilabial 雙唇音	Labio dental 唇齒音	Dental 齒音	Retroflex 轉向後方之齒	Palatal 上腭音	Velar 軟腭膜音	Uvular 小舌音	Glottal 喉音
Plosive 唇音	p b		t d	ʈ ɖ	c ɟ	k g	q G	ʔ
Nasal 鼻音	m	ɱ	n	ɳ	ɲ	ŋ	N	
Lateral 附卷音			ɬ ɮ l	ɭ	ʎ	ɫ ɫ		
Rolled 打卷音			r	ɽ			ʀ R	
Fricative 呼吸摩擦音	ɸ β ʍ w ɥ (ɕ) (S)	f v	θ ð s z σ ʂ ʃ ʒ ɹ	ʐ	ç j (ɥ)	(ʍ w) x ɣ	χ ʁ	h ɦ

VOWELS母音		Front	Mixed	Back
Close 閉	yy: üuɯ (ʏ ʊ	i: i y: y* ɪ ʏ*	ɨ: ɨ ü ü:	ɯ: ɯ u u: ʊ
Half close 半閉	(ø ö o)	e ø*	ë ö	o
Half open 半開	(ɔ ɔ̈ œ)	ɛ œ* æ	e: ə ɛ̈ ɔ̈ ɐ	ʌ ɔ
Open 開		a		ɑ ɒ ɒ:

上表係堂根據Noël-Armfield.G.所著之General phonetics 131頁繪

中國國音字母表

十七

(1)國音音素表

			上唇 下唇 兩唇声	上齒 下唇 唇齒声	齒齦 舌尖 舌尖声	硬腭 舌尖 翹舌尖声	齒齦 舌葉 舌葉声	齒齦硬腭 舌葉舌面 舌面前声	硬腭 舌面 舌面声	軟腭 舌根 舌根声	小舌 舌根後部 舌根後声
	發音方法		清濁	清濁	清濁	清濁	清濁	清濁	清濁	清濁	清濁
輔音	塞声	鬆	b		d					g	
		緊	p		t					k	
	鼻声		m		n				ɲ	ŋ	
	塞擦声					tʂ	ts	tɕ			
	擦声		w ɥ	f v		ʂ ʐ	s	ɕ	j (ɥ)	(w)	χ ʁ
	邊声				l						
元音			圓唇元音			尖元音	葉元音		前元音 中元音	後元音	
	升元音		(y)(ʉ)(u)			ʅ	ɿ		i y	ɯ u	
	半升元音		(o)						e	ɤ o	
	半降元音		(ɔ)						ɛ ə	ʌ ɔ	
	降元音								æ ɐ a A ɑ		

(2)國音声母表

阻的部位 上	阻的部位 下	部位稱	阻的方法	清濁		國音字母 注音字母	國音字母 國語羅馬字	國際音標
上唇	下唇	两唇声	塞声	清	不送气	ㄅ	b	b̥
					送气	ㄆ	p	ph
			鼻声	濁		ㄇ	m	m
上齒	下唇	唇齒声	擦声	清		ㄈ	f	f
				濁		ㄪ	v	v
齒齦	舌尖	舌尖声	塞声	清	不送气	ㄉ	d	d̥
					送气	ㄊ	t	th
			鼻声	濁		ㄋ	n	n
			邊声	濁		ㄌ	l	l
軟腭	舌根	舌根声	塞声	清	不送气	ㄍ	g	g̊
					送气	ㄎ	k	kh
			鼻声	濁		ㄫ	ng	ŋ
小舌	舌根後部		擦声	清		ㄏ	h	x
齒部硬腭	舌葉舌面	舌面前声	塞擦声	清	不送气	ㄐ	j	tɕ
					送气	ㄑ	ch	tɕh
			鼻声	濁		ㄬ	gn	ȵ
			擦声	清		ㄒ	sh	ɕ
硬腭	舌尖	舌尖声	塞擦声	清	不送气	ㄓ	j	tʂ
					送气	ㄔ	ch	tʂh
			擦声	清		ㄕ	sh	ʂ
				濁		ㄖ	r	ʐ
齒齦	舌葉	舌葉声	塞擦声	清	不送气	ㄗ	tz	ts
					送气	ㄘ	ts	tsh
			擦声	清		ㄙ	s	s
(附)								
小舌	舌根後部	舌根後声	擦声	濁		厂'	hh	ʁ
硬腭	舌面	舌面声	擦声	濁		ㄧ	y	j
軟腭與上唇	舌根與下唇	两唇與舌根声	擦声	濁		ㄨ	w	w
硬腭與上唇	舌面與下唇	两唇與舌面声	擦声	濁		ㄩ	yu	ɥ

十九

(3)國音韻母表

韻的種類	舌的前後	舌的升降	唇的圓否	國音字母		國際音標
				注音字母	國語羅馬字	
單韻	尖	升	不圓	(ㄖ)	y	ɿ
	葉	升	不圓	(ㄗ)		ʅ
	中	降	不圓	ㄚ	a	A
	後	半升	圓	ㄛ	o	o
	後	半升	不圓	ㄜ	e	ɤ
	中	半降	不圓			ə
	前	半降	不圓	ㄝ	e	ɛ
複韻				ㄞ	ai	aɪ
				ㄟ	ei	eɪ
				ㄠ	au	au
				ㄡ	ou	ou
声隨之韻				ㄢ	an	an
				ㄣ	en	ən
				ㄤ	ang	ɑŋ
				ㄥ	eng	ʌŋ
卷舌韻				ㄦ	el	ər
單韻	前	升	不圓	ㄧ(1)	i	i
	後	升	圓	ㄨ	u	u
	前	升	圓	ㄩ	iu	y

(注)"ㄧ"在直行中寫作"一"

(廿)國音結合韻母表

等呼	韻的種類	國音字母		國際音標
		注音字母	國語羅馬字	
齊齒	複韻	ㄧㄚ	ia	iA
		ㄧㄛ	io	iɔ
		ㄧㄝ	ie	iɛ
		ㄧㄞ	iai	iæi
		ㄧㄠ	iau	iau
		ㄧㄡ	iou	iou
	声隨之韻	ㄧㄢ	ian	iæn
		ㄧㄣ	in	in
		ㄧㄤ	iang	iaŋ
		ㄧㄥ	ing	iŋ
合口	複韻	ㄨㄚ	ua	uA
		ㄨㄛ	uo	uɔ
		ㄨㄞ	uai	uai
		ㄨㄟ	uei	uei
	声隨之韻	ㄨㄢ	uan	uan
		ㄨㄣ	uen	uən
		ㄨㄤ	uang	uaŋ
		ㄨㄥ	ueng	uəŋ
		-ㄨㄥ	ong	uŋ
撮口	複韻	ㄩㄝ	iue	yɛ
	声隨之韻	ㄩㄢ	iuan	yan
		ㄩㄣ	iun	yn
		ㄩㄥ	iong	iyuŋ

(5)國音卷舌韻母表

等呼	韻的種類	音變說明	國音字母：注音字母	國音字母：國語羅馬字	國際音標
開口	單韻	ㄞㄦ及ㄢㄦ併入	ㄚㄦ	al	ɐr
			ㄛㄦ	ol	or
			ㄜㄦ	θl	ɤr
		ㄖㄦ，ㄗㄦ ㄟㄦ及ㄣㄦ併入	ㄝㄦ	el	ər
	複韻		ㄠㄦ	aul	ɑɔr
			ㄡㄦ	oul	ou
	鼻韻	ㄦ舌根鼻声隨半韻[illegible]	ㄤㄦ	angl	ɑ̃r
			ㄥㄦ	engl	ʌ̃r
齊齒	複韻	ㄧㄞㄦ及ㄧㄢㄦ併入	ㄧㄚㄦ	ial	ier
		ㄧㄝㄦ之變ㄧㄦ及ㄧㄣㄦ併入	ㄧㄝㄦ	iel	iar
			ㄧㄠㄦ	iaul	iɑɔr
			ㄧㄡㄦ	ioul	iour
	鼻韻		ㄧㄤㄦ	iangl	iɑ̃r
		ingl之變	ㄧㄥㄦ	iengl	iə̃r
合口	單韻		ㄨㄦ	ul	ur
	複韻	ㄨㄞㄦ及ㄨㄢㄦ併入	ㄨㄚㄦ	ual	uer
			ㄨㄛㄦ	uol	uor
		ㄨㄟㄦ及ㄨㄣㄦ併入	ㄨㄜㄦ	uel	uər
	鼻韻		ㄧㄜㄦ	uangl	uɑ̃r
			ㄨㄥㄦ	uengl	uʌ̃r
			ㄨㄥㄦ	-ongl	ʊ̃r
撮口	複韻	ㄩㄢㄦ之變	ㄩㄚㄦ	iual	yer
		ㄩㄝㄦ之變ㄩㄦ及ㄩㄣㄦ併入	ㄩㄝㄦ	iuel	yər
	鼻韻		ㄩㄥㄦ	iongl	iyʊ̃r

上表伍係據國民政府教育部國語統一籌備委員會所製表繪

十六　守溫三十六字母

唐季沙門守溫作三十六字母，字母即聲類也，其目如右：

音	清濁	發聲	送氣	收聲
牙音	清	見	溪 即羣之清	疑之清無字
	濁	見之濁無字	羣 即溪之濁	疑
舌頭音	清	端	透 即定之清	泥之清無字
	濁	端之濁無字	定 即透之濁	泥
舌上音	清	知	徹 即澄之清	孃之清無字
	濁	知之濁無字	澄 即徹之濁	孃
重脣音	清	幫	滂 即並之清	明之清無字
	濁	幫之濁無字	並 即滂之濁	明

	清濁			
輕唇音	清 濁	非　非之濁無字	敷　即奉之清 奉　即敷之濁	微　微之清無字
齒頭音	清 濁	精　精之濁無字	清　即從之清 從　即清之濁	心　即邪之清 邪　即心之濁
正齒音	清 濁	照　照之濁無字	穿　即牀之清 牀　即穿之濁	審　即禪之清 禪　即審之濁
喉音	清 濁	影　即喻之清 喻　即影之濁	曉　即匣之清 匣　即曉之濁	
半舌音	清 濁	來　來之清無字		
半齒音	清 濁	日　日之清無字		

左圖係陳澧所製，陳氏於三十六字母之外，又增深喉之「于」母，舌聲之「神」母，齒聲之「莊」「初」「山」三母，合共四十一母，此四十一類疑古師謂「喩」同「于」「知」同「照」，「徹」同「穿」，「澄」同「神」「精」同「莊」，「淸」同「初」，「從」同「牀」，「心」同「山」，影爲韵而非聲，歸納之可得三十二類是也。江陰劉半農師曾有三十六字母之新排列法，茲將劉師之新排列表附後，其說明書可閱北京大學國學季刊。第一卷第三號，守溫三十六字母排列法之研究。

守溫三十六字母新排列表

音韻學要

		急音				緩音	
		清音	清音	濁音	鼻音	清音	濁音
一行	舌根	1 見 k	2 溪 k^h	3 羣 $k^ɦ$或g	4 疑 ŋ		
二行	舌頭(舌尖)	5 端 t	6 透 t^h	7 定 $t^ɦ$或d	8 泥 n		
三行	舌頭(舌面)	9 知 t	10 徹 t^h	11 澄 $t^ɦ$或d	孃 n		
四行	舌面	(見) c	(溪) c^h	(羣) $c^ɦ$或ɟ	12 孃 ɟ		
五行	雙脣	13 幫 p	14 滂 p^h	15 並 $p^ɦ$或b	16 明 m		
六行	脣齒	(非)	○	(奉)	○	17 非 f	18 奉 fɦ或v
七行	雙脣	(敷)	○	(微)	○	19 敷 F	20 微 Fɦ或v
八行	舌頭(舌尖)	21 精 ts	22 清 ts	23 從 tdz或dz	○	24 心 s	25 邪 sɦ或z
九行	舌頭(舌面)	26 照 tʃ	27 穿 tʃ	28 牀 tdʒ或dʒ	○	29 審 ʃ	30 禪 ʃɦ或ʒ
十行	舌根					31 曉 h (x)	32 匣 hɦ或ɦ (xɦ或ɣ)
十一行	舌頭					○	33 來 l
十二行	舌邊					○	34 日 ɽ (l)
十三行	半母					35 影 ı (j)	36 喻 j (w)

一行至七行：自後而前　八行至九行：合音　六行至十行：自前而後　十一行至十三行：流音

十七 廣韻

廣韻之作者爲宋陳彭年，其書原本隋陸法言之切韻，唐孫愐之唐韻，部居並未變動，孫書已亡，陸書今敦煌石室中尙有殘卷，僅可窺見梗概，其詳不可得而聞矣。

廣韻分韻部爲二百零六，平五十七，上五十五，去六十，入三十四。平上去入視音之留聲長短而分也，玆錄其敘次如左。

平聲	上聲	去聲	入聲
東一	董一	送一	屋一
冬二	(附腫)	宋二	沃二
鍾三	腫二	用三	燭三
江四	講三	絳四	覺四

支五	紙四	寘五	（昔）
脂六	旨五	至六	（質）
之七	止六	志七	（職）
微八	尾七	未八	（迄物）
魚九	語八	御九	（藥）
虞十	麌九	遇十	
模十一	姥十	暮十一	（鐸）
齊十二	薺十一	霽十二	（錫）
		祭十三	（薛）
		泰十四	（曷末）
佳十三	蟹十二	卦十五	（麥）

皆十四	駭十三	怪十六	(黠)
		夬十七	(鎋)
灰十五	賄十四	隊十八	(沒)
咍十六	海十五	代十九	(德)
		廢二十	(月)
眞十七	軫十六	震二十一	質五
諄十八	準十七	稕二十二	術六
臻十九	𧤛齔附見隱韻	齔字附見焮韻	櫛七
文二十	吻十八	問二十三	物八
殷二十一	隱十九	焮二十四	迄九
元二十二	阮二十	願二十五	月十

魂二十三	混二十一	慁二十六	沒十一
痕二十四	很二十二	恨二十七	（附沒）
寒二十五	旱二十三	翰二十八	曷十二
桓二十六	緩二十四	換二十九	末十三
删二十七	潸二十五	諫三十	黠十四
山二十八	產二十六	襉三十一	鎋十五
平聲下			
先一	銑二十七	霰三十二	屑十六
仙二	獮二十八	線三十三	薛十七
蕭三	篠二十九	嘯三十四	
宵四	小三十	笑三十五	（燭）

肴五	巧三十一	效三十六	（覺）
豪六	皓三十二	號三十七	（沃）
歌七	哿三十三	箇三十八	
戈八	果三十四	過三十九	
麻九	馬三十五	禡四十	（陌）
陽十	養三十六	漾四十一	藥十八
唐十一	蕩三十七	宕四十二	鐸十九
庚十二	梗三十八	映四十三	陌二十
耕十三	耿三十九	諍四十四	麥二十一
清十四	靜四十	勁四十五	昔二十二
青十五	迥四十一	徑四十六	錫二十三

蒸十六
登十七
尤十八
侯十九
幽二十
侵二十一
覃二十二
談二十三
鹽二十四
添二十五
咸二十六

拯四十二
等四十三
有四十四
厚四十五
黝四十六
寑四十七
感四十八
敢四十九
琰五十
忝五十一
豏五十二

證四十七
嶝四十八
宥四十九
候五十
幼五十一
沁五十二
勘五十三
闞五十四
豔五十五
㮇五十六
陷五十七

職二十四
德二十五
（屋半）
（屋半）
緝二十六
合二十七
盍二十八
葉二十九
怗三十
洽三十一

銜 二十七	檻 五十三	鑑 五十八	狎 三十二
嚴 二十八	儼 五十四	釅 五十九	業 三十三
凡 二十九	范 五十五	梵 六十	乏 三十四

上表分韻部二百零六，平聲五十七韻，上聲五十五韻，去聲六十韻，入聲三十四韻，冬韻上聲之「湩」「鴆」「朧」附見腫韻，臻韻上聲之「齔」「齔」附見隱韻，「齔」又附見焮韻，故上聲少二韻，去聲六十韻，多「祭」「泰」「夬」「廢」四韻；臻韻去聲無字故也。

故若併平上去三聲言之，則平聲五十七加去聲之四韻爲六十一韻，其間陰聲二十六，陽聲三十五，入聲專附陽聲，亦爲三十五韻，而僅得三十四者，魂韻之入有「麧紇齕紇淈」五字附於魂入之沒韻中也。

廣韻以入聲專附陽聲，因陽聲字收鼻音如ng如n如m。收ng者十二：「東冬鍾江陽唐庚耕德青蒸登」是也。收n者十四：「眞諄臻文殷元魂痕寒桓刪山先仙」是也。收m者九：「尤侵覃談鹽添咸銜嚴」是也。

陰聲則不收鼻音如「支脂之微魚虞摸齊佳皆灰咍蕭宵肴豪歌戈麻尤候幽」及只有去聲之「祭泰夬廢」二十六韻是也。

入聲介于陰陽之間，祇以其音極短促，不待收鼻，其音已畢，頗有類於陰聲，雖無收音，實有收勢，故凡陽聲收ng者音畢時恆作k之勢，陽聲收n者音畢時恆作t之勢，陽聲收m者，音畢時，恒作P之勢，惟其然也，故入聲介於陰陽之間，可互相通轉，入聲與陰聲通轉入聲與陽聲通轉，陰聲與陽聲通轉，陰聲陽聲入聲三者迭相通轉皆對轉也。茲錄黃侃陰聲陽聲入聲對照表於下。

十八黃侃廣韻陰聲陽聲入聲對照表

等呼	去聲			入聲	上聲		
	去	上	平	入	平	上	去
合					侯一	厚一	候一
開	送一	董	東一	屋一	侯二	厚二	候二

尤一	有一	宥一					齊
尤二	有二	宥二	屋二	送二		東二	撮
幽一	黝	幼一					齊
幽二		幼二					撮
豪一	皓一	號一					開
豪二	皓二	號二	沃	宋	腫一	冬	合
蕭	篠	嘯					齊
宵一	小一	笑一					齊
宵二	小二	笑二	燭	用	腫二	鍾	撮
肴一	巧一	效一					開
肴二	巧二	效二	覺	絳	講	江	合

脂一	旨一	至一	質一	震一	軫一	眞一	齊
脂二	旨二	至二	質二	震二	軫二	眞二	撮
			術	稕	準	諄	撮
			櫛		隱一	臻	開
微二	尾二	未二	物	問	吻	文	撮
微一	尾一	未一	迄	焮	隱二	殷	齊
		廢一	月一	願一	阮一	元一	齊
戈二							
		廢二	月二	願二	阮二	元二	撮
戈三							撮
			沒一	恨	很	痕	開

灰	賄	隊	沒二	恩	混	魂	合
		泰一	曷	翰	旱	寒	開
歌	哿	箇					開
		泰二	末	換	緩	桓	合
戈一	果	過					合
皆一	駭	怪一	黠一	諫一	潸一	刪一	開
皆二		怪二	黠二	諫二	潸二	刪二	合
		夬一	鎋一	澗一	產一	山一	開
		夬二	鎋二	襇二	產二	山二	合
			屑一	霰一	獮一	先一	齊
			屑二	霰二	銑二	先二	撮

		祭一	薛一	線一	獮一	仙一	齊
		祭二	薛二	線二	獮二	仙二	撮
			藥一	漾一	養一	陽一	齊
魚	語	御	藥二	漾二	養二	陽二	撮
虞	麌	遇					撮
			鐸一	宕一	蕩一	唐一	開
模	姥	暮	鐸二	宕二	蕩二	唐二	合
麻一	馬一	禡一	陌一	敬一	梗一	庚一	開
麻二	馬二	禡二	陌二	敬二	梗二	庚二	合
麻三	馬三	禡三	陌三	敬三	梗三	梗三	齊
	馬四		陌四	敬四	梗四	庚四	撮

佳一	蟹一	卦一	麥一	諍一	耿一	耕一	開
佳二	蟹二	卦二	麥二	諍二	耿二	耕二	合
支一	紙一	寘一	昔一	勁一	靜一	清一	齊
支二	紙二	寘二	昔二	勁二	靜二	清二	撮
齊一	薺一	霽一	錫一	徑一	迥一	青一	齊
齊二	薺二	霽二	錫二	徑二	迥二	青二	撮
之	止	志	職一	證一	拯	蒸	齊
			職二	證二		蒸二	撮
咍一	海一	代	德一	嶝一	等一	登一	開
咍二	海二		德二	嶝二	等二	登二	合
			緝一	沁	寑一	侵	齊

緝二		寑二		撮
合	勘	感	覃	開
盍	闞	敢一	談一	開
		敢二	談二	合
葉	豔一	琰一	鹽一	齊
	豔二	琰二	鹽二	撮
怗	㮇	忝一	添	齊
		忝二		撮
洽	陷	豏	咸	開
狎	鑑一	檻	銜一	開
	鑑二		銜二	合

業	釅一	儼	嚴	齊
	釅二			撮
乏一	梵一	范一	凡一	齊
乏二	梵二	范二	凡二	撮

十九章太炎成均圖（見國故論衡。）

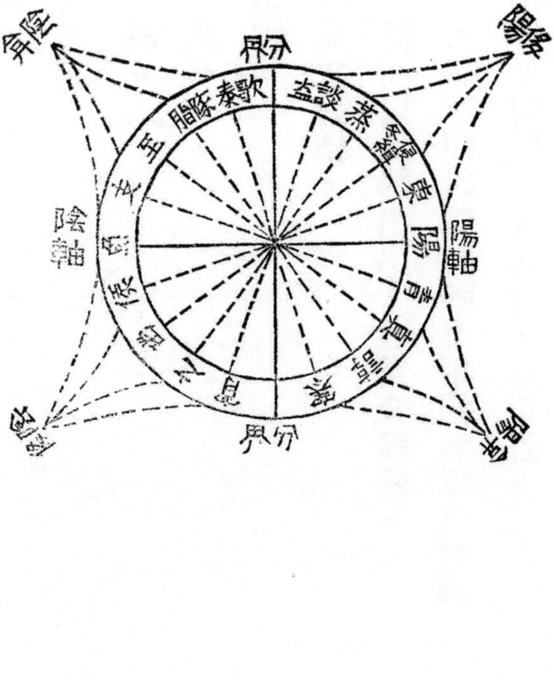

陰弇與陰弇爲同列。

陽弇與陽弇爲同列。

陰侈與陰侈爲同列。

陽侈與陽侈爲同列。

凡同列相比爲近旁轉。

凡同列相遠爲次旁轉。

凡陰陽相對爲正對轉。

凡自旁轉而成對轉爲次對轉。

凡陰聲陽聲雖非對轉而以比鄰相出入者爲交紐轉。

凡隔軸聲者不得轉，然有間以軸聲隔五相轉者爲隔越轉。

凡近旁轉，次旁轉，正對轉，次對轉，爲正聲。

凡交紐轉，隔越轉，爲變聲。

覈僞篇

福建林之棠著

目錄

叕僞

福建林之棠著

叕僞緣起

子曰：『夏禮吾能言之，杞不足徵也；殷禮吾能言之，宋不足徵也：文獻不足故也。足則吾能徵之矣。』——論語八佾。——

子曰：『吾猶及史之闕文也。』——論語衞靈公。——

子貢曰：『紂之惡不如是之甚也，是以君子惡居下流，天下之惡皆歸焉。』——論語子張。——

『雲漢之詩曰，周餘黎民，靡有孑遺，信斯言也，是周無遺民也。』——孟子萬章上。——

孟子曰，盡信書，則不如無書，吾於武成，取二三策而已矣。仁人無敵於天下，以至仁伐至不仁，而何其血之流杵也？』

——孟子盡心下。——

。故荀子曰：『……聞之而不見，雖博必謬，見之而不知，雖識必妄。……』

——荀子儒效。——

覈僞方法

『凡覈譌書之道：覈之七略，以觀其源（一）；覈之羣志，以觀其緒（二）；覈之並世之言，以觀其稱（三）；覈之異世之言，以觀其述（四）；覈之文，以觀其體（五）；覈之事，以觀其時（六）；覈之撰者，以觀其託（七）；覈之傳者，以觀其人（八）；覈茲八者，而古今贋書無隱情矣。』

——明，胡應麟，四部正譌。——

（一）『昔仲尼沒，而微言絕；七十子喪，而大義乖，故春秋分爲五，詩分爲四，易有數家之傳。戰國從衡，眞僞紛爭，諸子之言，紛然雜亂，至秦患之，乃燔滅文章，以愚黔首。漢興改秦之敗，大收篇籍，廣開獻書之路，迄孝武世，書缺簡脫，禮壞樂崩，聖上喟然歎曰，朕甚閔焉。於是建藏書之策。置寫書之官，下及諸子傳說，皆充秘府。至成帝時，以書頗散亡，使謁者陳農，求遺書於天下，詔光祿大夫劉向校經傳諸子詩賦；步兵校尉任宏校兵書；太史令尹咸校數術；侍醫李柱國校方術，每一書已，向輒條其篇目，撮其旨意，錄而奏之，會向卒，哀帝復使向子侍中奉軍都尉歆卒父業。歆總覽羣言，而奏其七略，故有輯略，有六藝略，有諸子略，有詩賦略，有兵書略，有術數略，有方技略，今刪其要，以備篇籍。』—班固前漢書藝文志—七略爲古籍第一部總目，學者探本尋源，胥於是觀焉。

(二)志如漢書藝文志；隋書經籍志；舊唐書經籍志；新唐書藝文

志，宋史藝文志；宋史藝文志補；遼金元三史藝文志補；三史藝文志；補元史藝文志補；明史藝文志等。是也

(三)並世同時也。考覈某書或某家之說，須將同時之作者對於某之批評或記載取而較觀之，參互考訂，俾覩厥眞；苟專憑一家之言　則鮮不爲其所蔽者矣，例如孟子之斥揚墨，劉歆傳會九流之所從出，不閱莊子天下，荀子非十二子諸文，則不能明其得失。馬幼漁先生古籍校讀法—

(四)異世，不同世也。世異時移，述說每易失眞，如『書說孔子不能容於世，周流遊說七十餘國，未嘗得安，夫言周流不遇可也；言七十國，增之也，案論語之篇，諸子之書，孔子自衛反魯，在陳絕糧，削迹於衛，忘味於齊，伐樹於宋，幷費與頓牟，至

不能十國，儒言七十國，非其實也。——王充論衡儒增。——武成之篇，言「武王伐紂，血流漂杵」，助戰者多，數至血流如此，皆欲紂之亡也，上崩瓦解，安肯戰乎。……案武王伐紂於牧之野，河北地高，壞靡不乾燥兵頓血流，輒燥入土，安得杵而浮之乎。」——王充論衡藝增——

（五）一時代，有一時代之文體；一作家，有一作家之作風，不能混殽者，如「文子十二卷，老子弟子所撰，不知姓名，李暹曰姓辛號計然，范蠡師事之，然是書非計然之所著也。大概道德經之義疏耳。所謂『靜則同，虛則通，至德無爲，萬物皆容。』即道德經；『道常無爲，而無不爲，侯王若能守，萬物皆自化。』是也」。——宋濂諸子辨——

（六）管子稱『三晉之君』，其時未有三晉。……國語載『勾殘之伯，陳蔡之君皆入朝』，其時有蔡無陳，說苑稱『勾踐聘魏』，其時未有魏；又言『仲尼見梁君，孟簡子相梁』，其時未有梁，魯亦無孟簡子。又言韓武子出田，欒懷子上之』，韓氏無武子。……呂氏春秋：『晉文公師咎犯隨會』。隨會不與文公咎犯同時。趙襄子攻翟，一朝而兩城下，有憂色，孔子賢之』。趙襄子爲晉卿時，孔子已卒。『顏闔見魯莊公』。顏闔，穆公時人，去莊公十一世。史記孔子世家：『使從者爲寗武子臣於衛』，孔子時寗氏已滅。扁鵲傳：『虢君出，見扁鵲於中闕』，其時虢亡已久。又龜策傳稱，『宋元王』，宋有元公無元王。……韓非子，『扁鵲見蔡桓侯』，桓侯與魯桓公同時，相去幾二百歲。越絕書：『

晉鄭王』，晉鄭未嘗稱王。又言『孔子奉雅琴見越王』，越滅吳，孔子已卒。……韓詩外傳，『孟嘗君請學於閔子』，閔子孟嘗君相去幾二百歲。』。……顧炎武日知錄傳記不考時代——

凡此時事相違，其不可信也明甚。

（七）託者寄託之謂。『孔子删書，斷自唐虞　故儒家言政治者必法堯舜，孟子所謂先王（由三代前推之），荀子所謂後王也（由五帝後數之）。九流百家，託始不同，墨子言禹，道家言黄帝，許行言神農，各有所終。即六藝之文，並孔子所述作，而託始亦異，詩惟見禹湯文武，易備五帝，春秋法文王，惟書首堯舜其義深矣。』夏曾佑中國歷史教科書——

（八）『世之顯學，儒墨也。儒之所至，孔丘也。墨之所至墨翟也。自孔子之死也，有子張之儒，有子思之儒　有顏氏之儒，有孟氏之儒，有漆雕氏之儒，有仲良氏之儒，有孫氏之儒，有樂正氏之儒。自墨子之死也，有相里氏之墨，有相夫氏之墨，有鄧陵氏之墨：故孔墨之後，儒分爲八，墨離爲三』。——韓非子顯學——雖取舍相反不同，儒墨之大敎實於焉以顯　故夫欲知孔墨之爲人，舍其傳者無由也。

右八則，附於胡文之後，以資疏釋而宏考信也。至胡說不備處，別爲補覈如左：

覈之文字源流，以抉其誣

蓋聞文字之興　孳乳浸多，刪繁就簡，隨時變革，假借轉注之字，不得列於象形初創之世，隨唐晚出之文，豈可見於周秦諸子之書，『試以魏三禮石經之所謂古文篆文者較周金文，秦刻石，其異同之點，不難立見』。（馬衡先生石鼓爲秦刻石考）周魏相去未遠，猶且放效失眞，況愈遠者乎。學者苟不察文字源流，鮮不爲其所惑矣。

覈之語言音韵以正其讀

吾國各地方言不同　無賴之賴由雙聲可變爲聊，奘大之奘，由疊韵可變爲京爲將。—（沈兼士先生中國文字形義學）—爾雅方言中同義異字者尤多，至若梵文咒vivid'a譯音爲尾尾馱，可知當時漢字讀尾如vi讀馱如da鋼和泰 A von Stael Holstein,ph. D. 之音譯梵書與中國古音）是在學者之善讀耳。

覈之新出古物以補其闕

自俄國之學術探險隊入蒙古內地，而鄂爾坤河畔之突厥碑文著，自倫敦博物館之敦煌書目入吾國，而經傳諸子之遺文顯；自河南澠池之石器骨器陶器出，而中國石器時代之文化昌，可見泥守陳篇，實違進化之理，不操新知，又豈求眞之道哉

覈之前後文理以明其義

吾國文辭，本無定詁，故語多類非而是，類是而非，苟不明前後文理，斷章取義，其不蹈「樂正夔一足」「丁氏穿井得一人」（呂氏春秋察傳篇）者幾希，故凡聞言必孰論，其於人必驗以理。

叢僞篇

偽書總述一

「凡贗書之作，情狀至繁，約而言之，殆拾數種，有僞作於前代，而世率知之者，風后之握奇，岐伯之素問是也；有僞作於近代，而世反惑之者，卜商之易傳，毛漸之連山是也；有掇古人之事而僞者：仲尼傾蓋，而有子華，柱史出關，而有尹喜是也；有挾古人之文而僞者：伍員著書，而有越絕，賈誼賦鵩，而有鶡冠是也；有傳古人之名而僞者，尹負鼎而湯液聞，戚飯牛而相經著是也；有蹈古書之名而僞者，汲冢發而師春補，檮杌紀而楚史傳是也；有憚於自名而僞者，魏泰筆錄之類是也：有恥於自名而僞者，和氏香奩之類是也，有襲取於人而僞者，法盛晉書之類是也；有假重於人而僞者，子瞻杜解之類是也，有惡其人，僞以禍之者，僧孺行紀之類是也，有惡其人，僞以誣之者，聖俞碧雲之類是也；本非僞人，託之而僞者，陰符不言三皇，而李筌稱皇帝之類是也；有書本僞人補之而益僞者，乾坤鑿度及諸緯書之類是也。又有僞而非僞者：洞靈眞經本王士元所補，而以僞元倉；西京雜記本葛稚川所傳，而以僞劉歆之類是也。又有非僞而實僞者，化書本譚峭所著，而宋齊丘竊而序傳之，莊注本向秀所作，而郭子玄取而點定之之類是也。又有當時知其僞而後世弗傳者，劉炫魯史之類是也，又有當時記其僞而後人弗悟者，司馬潛虛之類是也。又有本無撰人，後人因近而僞託者，山海稱大禹之類是也。又有本有撰人，後人因亡逸而僞題者，正訓稱陸機之類是也。

——胡應麟四部正譌——

疑書待覈一

明胡應麟所疑書：

1 連山易　2 歸藏易　3 子夏易　4 讖書

5 緯書　6 三墳　7 古文尚書　8 元命包

9 關朗易傳　10 麻衣心法　11 王氏元經　12 儀禮逸經

13 鬻子　14 陰符經　15 尚父六韜　16 文子

17 鬼谷子　18 伍子胥　19 鶡冠子　20 關尹子

21 黃石公素書　22 抱朴子內外篇　23 元倉子　24 劉子新論

25 孫子　26 子華子　27 化書　28 廣成子解

29 黃帝內傳　28 穆天子傳　29 晉乘　30 列子

31 山海經　32 燕丹子　33 宋玉子　34 神異經十洲記

35 趙飛燕外傳 36 越絕書 37 劉炫魯史記 38 西京雜記

39 列仙傳 40 牟子論 41 洞冥記 42 漢武內傳

43 拾遺記 44 梁四公記 45 隨遺錄 46 廣陵妖亂志

47 瀟湘錄 48 牛羊日歷 49 龍城錄 50 績朽萱錄

51 白猿傳 52 靈仙散錄 53 清異錄 54 艾子世傳

55 鍾呂傳 56 香奩集 57 魏文詩格 58 李嶠詩評

59 樂天聖俞二金針傳 60 歐蘇杜注

右見胡應麟四部正譌

疑書待鞫二

明宋濂所疑書：

1 鬻子	2 管子	3 晏子	4 老子
5 文子	6 關尹子	7 亢倉子	38 鄧析子
9 鶡冠子	10 子華子	11 列子	12 曾子
13 言子	14 子思子	15 愼子	16 莊子
17 墨子	18 鬼谷子	19 孫子	20 吳子
21 尉繚子	22 尹文子	23 商子	24 公孫龍子
25 荀子	26 韓子	27 燕丹子	28 孔叢子
29 淮南鴻烈解	30 楊子法言	31 抱朴子	32 劉子
33 文中子	34 天隱子	35 玄眞子	36 金華子

37 金丘子　38 聲隅子　39 周子通書　40 子程子

右見，宋濂諸子辨，現坊間單行本，係鈔自北京大學圖書館所藏浦江傅氏刻宋文憲公集本，與京師圖書館所藏明刊宋學士全集本。

疑書待覈三

清姚際恒所疑書：

1 易傳　2 子夏易　3 關朗易傳　4 麻衣正易心法

5 焦氏易林　6 易乾鑿度　7 古文尚書　8 尚書漢孔氏傳

9 古三墳書　10 詩序　11 子貢詩傳　12 周禮

13 大戴禮　14 孝經　15 忠經　16 孔子家語

17 小爾雅　18 家禮儀節　19 竹書記年　20 汲冢周書

21 穆天子傳　22 晉史乘　23 楚檮杌　24 漢武故事

25 飛燕外傳　26 西京雜記　27 天錄閣外史　28 元經

29 十六國春秋　30 隆平集　31 致身錄　32 鬻子

33 關尹子　34 子華子　35 亢倉子　36 晏子春秋

37 鬼谷子　38 尹文子　39 公孫龍子　40 商子
41 鶡冠子　42 愼子　43 於陵子　44 孔叢子
45 文中子　46 六韜　47 司馬法（一名司馬穰苴兵法）　48 吳子
49 黃石公三略　50 尉繚子　51 素書　52 心書
53 風后握奇經　54 周髀算經　55 石中星經　56 續葬書
57 黃帝素問　58 靈樞經　59 神農本草　60 秦越人難經
61 神異經　62 十洲記　63 列仙傳　64 洞冥記
65 博物志　66 杜律虞註　67 三禮註　68 文子
69 莊子　70 列子　71 管子　72 賈誼新書
73 傷寒論　74 金匱玉函經　75 詔書（即詩韻）　76 爾雅
77 山海經　78 水經　79 陰符經　80 越絕書

81 吳越春秋　82 國語　83 孫子　84 劉子新論

85 化書

右見姚際恒古今僞書考，現坊間單行本，從鮑氏叢書中鈔出。

覈僞篇

校勘方法

『校經之法』必以賈還賈，以孔還孔，以陸還陸，以杜還杜，以鄭還鄭，各得其底本，而後判其義理之是非……不先正注疏釋文之底本，則多誣古人，不斷其立說之是非，則多誤今人……』

一北大國學季刊宣言引段玉裁經韵樓集與諸同志論校書之難一

（一）仿：孟子之疑武成；王充之書虛，儒增；劉知幾史通之疑古；章太炎之徵信論等，以辨訂古籍之傳說。

（二）仿：王念孫之讀書雜志；俞樾之古書疑義舉例；孫詒讓之墨子間詁等以疏證古籍之疑義。

（三）仿：劉歆之七略；鄭樵通志之校讐略；章學誠之校讐通義等以校理古籍之類別。

（四）仿：司馬遷之史記；朱熹呂祖謙之近思錄；鄭樵通志之二十略；蕭統之文選等以整齊古籍之雜語。

（五）仿：鄭玄注三禮之改字；朱熹之大學章句；盧文弨之羣書拾遺補；阮元之十三經注疏校勘記等以是正古籍之文字。

——參考馬幼漁先生古籍校讀法——

經篇目錄

福建林之棠著

經篇

福建林之棠著

名稱

六經之名，始見於莊子天運篇，「孔子謂老聃曰：「吾始治詩，書，易，禮，樂，春秋，六經以爲文。」」天運篇多僞託，六經之名蓋後儒借重莊子以實經解六教之義也。

易經

詩經

書經

周禮

儀禮

以上又名三經。

禮記

以上又名三禮。

公羊傳

穀梁傳

左傳

以上又名三傳。

論語

孟子

爾經

孝經

以上總名十三經

易，詩，書，禮，樂，春秋，謂之六經，（次序依漢書藝文志），或稱六藝，（見史記孔子世家）樂亡，僅餘五經，（漢武帝建平元年初置五經博士，五經之名始於此）配以孝經論語稱七經，（據後漢書趙典傳）唐代禮，春秋多分爲三，並易詩書爲九經，經典釋文加論語孝經而春秋又合爲一，至北宋又分爲三，益以爾雅孟子，十三經之名遂定，其前後次弟，禮記經解以詩爲首，七略藝文志用易居前，陸氏德明經典釋文所次則周易爲先，次尙書，次毛詩，次周禮儀禮禮記，次左氏傳公羊，穀梁，次孝經，次論語，次爾雅，孟子共十三經。亡清所定則始周易，次尙書，次毛詩，次三禮，次春秋，次孝經，次論語，次孟子，次爾雅，是已。

經篇 六

今文經古文經

秦火焚燎，文獻散失，漢興，諸儒補闕修殘，各以其學教授，其寫本用當時通行隸書謂之今文，逮西漢末，魯共王河間獻王，由孔子壞宅中搜出費氏易，左氏傳，逸禮，周禮，寫本用科斗篆文，謂之古文經。

今文經

易，有施讎，孟喜，梁丘賀三家同出田何；

書，有歐陽高，太夏侯勝，小夏侯建三家，同出伏勝；

詩，有齊轅固，魯申公，燕韓嬰三家；

春秋公羊傳，有嚴彭祖，顏安樂，二家，同出胡母生；

禮，儀禮有大戴德，小戴勝，慶普三家，同出高堂生；

史記儒林傳所述經學傳授止此。

古文經

易有費直；

書有孔安國；

詩有大小毛公；

春秋有左邱明；

禮，周禮，康成所云故書者。禮記，河間獻王所得者；孝經古文別有閨門一章，唐已不傳，今文即今本；論語以孔安國所傳分兩子張者爲古文，齊魯兩家爲今文；孟子以河間獻王所得者爲古文，趙岐所注爲今文，爾雅多爲後儒羼亂，釋詁篇當有古文。

易

易相傳有連山，歸藏，周易之分。連山，歸藏久已失傳，今僅存周易。周易作者，自來傳說不一，謂爲伏犧者有之；謂爲神農者有之；謂爲夏禹文王孔子者亦有之，又有云卦乃伏犧所畫，卦辭係文王所作，周公作爻辭，孔子次十翼，年代久湮，不可考矣。

易學傳授。自魯商瞿子木受易於孔子，以授魯橋庇子庸，凡四傳，至秦焚書，易爲卜筮之書獨不禁，故傳授不絕。漢宣帝時立施孟梁丘之易，永嘉之亂，施梁邱之易亡，孟京費之易人無傳者，惟鄭康成王輔嗣所注行於世，其繫辭以下，王不注，相承以韓康伯續之。

全書大旨主於動，動以觀變；立於象，象以範物，成於辭，辭以定吉凶，善讀者玩索而有得焉，則終身用之有不能盡者矣。

歷來注易者甚多，當以焦循之易通釋爲最佳，如釋元，即將易之言元，傳之釋元，一一舉出，參互錯綜，極得以經解經之旨。

書

吾國記事文最古者莫如尚書。尚上也，尚書上古之書也，上紀唐虞，下訖秦穆，典謨訓誥誓命之文咸備，秦火之後，纂亂已甚，於是今文古文分焉。今文始自伏生，古文始自孔安國此外尚有河間献王之古文尚書至東晋又有僞古文尚書係王肅所僞造，隋僞孔與鄭並行，至唐孔穎達爲僞孔傳，僞孔益彰，宋南渡以後，馬鄭本僅虛有其名，元吳澄乃決然去僞，至明梅鷟，著尚書攷異，清閻百詩著古文尚書疏，惠定宇著古文尙書攷，於僞孔尤駁辯無遺。

此書爲紀元前七世記已前之公文敘紀文總集。歷來研究尙書者頗不乏人。如蔡沈之尙書集傳，江聲古文尙書音疏，宋翔鳳尙書譜，劉逢祿尙書今古文疏証而以閻百詩古文尙書疏証，及孫星衍之尙書古文疏爲最佳。閻則絀王中鄭，發空前之疑獄，孫則分別司馬遷從孔安國問故爲古文說，書伏生所傳歐陽高大夏侯勝小夏侯建爲今文，馬融鄭康成本衛宏賈逵爲孔壁古文說，皆疏明出典。

詩

漢書藝文志；詩有齊，魯，韓毛四家，齊詩久亡，魯詩不過江東，韓詩亦無傳者，前漢惟齊魯韓三家立學官，皆今文也，平帝時毛詩始立，唐惟毛詩鄭箋立國學，今十三經用毛本，詩序作者爲漢衛宏（洙泗考信錄）自來學者多傳爲毛公爲子夏，皆非其實，三百篇當爲流傳詩數，孔子無删詩之事（見附）

詩有六義：賦，比，興，風，雅，頌，賦者數陳其事；興者引物起興；比則通首託物爲比；風爲里巷歌謠，男女相悅，歌詠以言其情；雅爲貴族燕會頌神軍旅田獵之樂歌，頌爲宗廟之樂歌。

詩以四言爲多。間亦有一字爲句者，如鄭風緇衣：「敝」；二字爲句者，如曹風候人：『薈兮』；三字爲句者，如陳風株林『從夏南』，四字爲句者，如周南關雎『關關雎鳩』；五字爲句者，如唐風，綢繆：『如此邂逅何』，六字爲句者，如豳風七月：『五月斯螽動股』；七字爲句者如魏風伐檀『胡取禾三百囷兮』，八字爲句者，如豳風七月：『十月蟋蟀入我牀下』，九字爲句者如魏風無衣「不如子之衣安且吉兮」。

全詩韻律有在句首者，有在句末者，有隔一句一韻者，有二句一韻者，詳拙著詩經音釋。（商務印書館出版）

詩註甚多，以陳奐毛詩傳疏，馬瑞辰毛詩傳箋通釋，胡承珙毛詩後箋，吳陸機鳥獸草木蟲魚疏，姚際恒詩經通論，崔述讀風偶識，方玉潤詩經原始，最足資參考。

附「删詩」疑

史遷去古不遠，父談受易於揚何，遷又問書故於孔安國，聞春秋於董生，講業於齊魯之邦，其於孔門淵源至近，無疑也，惟删詩一事，仲尼弟子無傳，諸子傳記，亦無旁證，獨史遷言之鑿鑿，孔子世家云：『古者詩三千餘篇，及至孔子去其重取可施於禮義，上采契后稷，中述殷周之盛，至幽厲之缺，始於衽席，故曰關雎之亂，以爲風始，鹿鳴爲小雅始；文王爲大雅始，清廟爲頌始，三百五篇，孔子皆弦歌之，以求合韶武雅頌之音』後儒有孔子刪詩之說，皆本於史記。

漢書藝文志：『孔子純取周詩，上采殷，下取魯，凡三百五篇，遭秦而全者以其諷誦不獨在竹帛故也。』

漢書禮樂志：『古者王官失業，雅頌相錯，孔子論而定之，故曰『吾自衛反魯，然後樂正，雅頌各得其所。』

經典釋文：『孔子最先刪錄，既取周，上兼商頌，凡三百十一篇。』（史記探原：『此依毛詩序，合南陔白華等六篇而言，然序云有其義，而亡其辭，『亡』對『有』而言，乃有無之『無』，非亡佚之『亡』也。』——之棠案此係劉原父語，見王應麟困學記聞——『本無其辭，則所謂有其義者，義於何見？見之於序而已，未嘗有詩也，安得列於篇數？此古文家之謬說，大背於世家也，』

歐陽修云：『今書傳所載逸詩，何可數也，以鄭康成詩譜圖推之，有更十君而取其一篇者，又有二十餘君而取一篇者，由是言之，何啻三千？』

王崧說緯，『删詩云者，非止全篇删去，或篇删其章；或章删其句；或句删其字；如『常棣之華，偏其反而！豈不爾思？室是遠而！』此小雅常棣之詩也。夫子謂其以室爲遠害於兄弟之義，故篇删其章也。『衣錦尙絅，文之著也。』此鄘風君子偕老之詩也，夫子惡其盡飾之過，恐其流而不反，故章删其句也。『誰能秉國成，不自爲政，卒勞百姓。』此小雅節南山之詩也，夫子以能字爲意之害，故句删其字。』

之棠案左傳記吳季札適魯觀樂事在孔子前，而所歌之風，無出十五國外，豈孔子以季札觀樂之歌風爲標準，而以删詩耶？此其可疑者一。

逸詩屢見於論語，論語記自孔子門人，孔子删之，而門人存之，諒不至此，此其可疑者二。

太史公自序云：『詩三百大抵聖賢發憤之所爲作也。』太史公何以知此三百篇大抵皆聖賢所作？聖賢發憤作三百篇，其餘二千七百餘篇又爲孰所作乎？苟其間亦有聖賢所作之詩，則孔子將以何標準而盡刪之耶？若絕無聖賢所作之詩，孔子又何自而知，遂得盡刪之耶？此其可疑者三。

論語曰；『子曰詩三百，一言一蔽之，曰「思無邪；」又曰：『誦詩三百，授之以政不達，使於四方不能專對，雖多亦奚以爲？『夫刪詩雖絕頂聰明者，其刪之結果亦祗足代表刪詩者個人之見解而已，孔子有刪三千詩爲三百之事，當有周詳之說明，今一則曰『詩三百』，再則曰『誦詩三百』，其間絕無寓刪詩微意，則三百似當爲流傳詩數，故辭極輕便，此其可疑者四。

荀子言：『詩三百，中聲所止。』墨子言；『儒者誦詩三百，歌詩三百。』莊子稱曾子歌商頌，亦未嘗提及三千，諸子言詩皆云三百，刪詩之事史遷而外，更無第二其人，可資佐證，此其可疑者五，孟子云：「王者之迹熄而詩亡，詩亡然後春秋作。」史遷孔子世家亦云：「孔子之時周室微，而禮樂廢，詩書缺。『伯夷列傳又云：『詩書雖缺，虞夏之文可知』，可見詩在孔子前，已不全，尙得謂孔子刪三千詩爲三百乎？此其可疑者六。

總上六端雖不敢舉以考訂史遷史記，而質疑問難，恐史遷再起，亦未必河漢斯言也。

周禮

周禮在漢世初出壁之時，名曰周官，（冬官獨闕考工記乃其後補）劉歆鄭玄皆以爲周公致太平之書，世多疑之。

古文周禮多奇字，王氏困學紀聞云：「周禮劉向未校之前爲古文，校後爲今文』

此書爲周代法制總萃，閎章縟典，經曲畢該，而侯國軍賦，包何膠於舊聞，明堂辟廱佽䕯騰其新論，蓋古籍淪佚，百不一存，而政典治革猶約略可考也。

參考書鄭注本最佳。

儀禮

儀禮一名士禮，有今文古文之異，今文傳於高堂生，古文出於孔子宅，魯恭王得之，鄭玄並今古二家，作儀禮註，最爲詳覈。讀此書可以明古代帶裳韠舄之異等，堂室奧阼之殊方，南鄉北鄉東面西面之異位，几席筐筥尊俎觚觶之殊制，惟書中譌脫甚多，叙次質直，無脈絡起止可尋，往往一字至十數字句多奇零不整，語語澁口，最爲難讀，初學可閱吳廷華儀禮章句、徐養有儀禮古今文異同疏，於音義尤爲詳晰，如云『側尋』甒醴，古文『甒』作『廡』，養原案說文無甒字古蓋通用廡也，集韵九虞，『甒或作廡，則又因廡而加瓦』皆確有見地。

禮記

禮記者並大戴德之大戴記，小戴聖之小戴記而言，古文即河間獻王所得者，今文小戴所傳也。自小戴記行。而大戴記幾廢，二書篇目，頗有雷同，而見於羣籍者亦復不少，如哀公問投符篇大小戴皆同，大戴之禮察篇與小戴之經解同；大戴之曾子大孝篇，與小戴之祭義同；踐阼諸銘篇見太公陰符金匱之文；文王官人篇，見汲冢周書；禮三本勸學兩篇，見於荀子；保傅篇見於賈子新書；五帝德帝繫姓，司馬遷採以作五帝本紀；夏小正，孔子三朝，曾子皆有專著，隋書經籍志謂小戴聖，删大戴德之書爲四十九篇。鄭玄治小戴爲作注，今十三經本之。

此書爲周秦漢間儒家者言。

參考書鄭註外無善本。

春秋

昔孔子就太師而正雅頌，因魯史而修春秋，該二儀之化育，贊人道之幽變，擧得失以彰黜陟，明成敗以著勸戒，其辭微，而旨博，後世學者多錄焉，——自孔子沒而微言絕，七十子卒而大義乖，於是春秋分爲三；

左傳

昔孔子論史記次春秋，七十子之徒口授其傳，魯君子左邱明懼弟子各有妄其意，失其眞，故具論其語，成左氏春秋，故曰左邱明魯史也。秦火之後，左氏傳先出。其在學官，公羊居前，穀梁次之，左氏最後，唐代左氏傳盛行，公穀漸微，至宋胡氏傳出，三傳皆東之高閣矣。乾嘉以來，左氏傳又爲世所宗仰。其書或先經爲文，以始後經之事；或後經爲文，以終前經之義；或依經之言，以辯此經之理；或交錯爲文，以合此經之異，隨義所在，而爲之發，期於釋盡經意而已。

參考是如顧炎武之左氏杜解補正頗能救杜之失。

公羊傳

公羊子名高，受業于子夏以傳其子，凡五世，至漢景帝時，大儒董生下帷三年，講明而達其用，其學大興，胡母生雖著條例，而弟子遂者絕少；迄東漢之季，賈逵之徒，曲學阿世，扇中壘之毒焰，鼓圖讖之妖氣，幾使羲轡重昏，昆侖絕紐，賴有任城何邵公修學卓識，審決黑白，而定尋董胡之緒，補藏顏之缺；斷陳允范升之訟，鍼明赤之疾，研精覃思，十有七年，密若禽墨之守禦，義䲲桓文之節制，五經之師，罕能及之。

兩漢經師以口相授，解釋其義，故傳皆爲弟子疑問之詞，諸疑或直問所不知，即曰『者何』曰『孰謂』，或據彼難此，則曰『曷』『何』『某何』『此何以書』是也。此書非公羊子所作，其徒著之竹帛，題其師名也，今十三經用何註，參攷書以劉逢祿之春秋公羊經何氏釋例爲最佳，凡何氏所謂非常異義可怪之論，如『名例』『褒例』『貶例』皆有斷制，孔廣森之春秋公羊通義，博引解詁音義，爾雅等書，銓釋亦明顯可喜。

穀梁傳

穀梁名赤，魯人，受業於子夏之門（應劭風俗通）爲經作傳，傳荀卿，荀卿傳魯申公，八傳至劉向，穀梁之學漸盛，江左中興，以穀梁膚淺，不足立官學，范甯徐邈之後，微學幾絕。

此書徵前典，皆據亦好正經，述古語特多精理，與論語禮記最爲相似，書中用孔子孟子語甚多，如隱公元年，『成人之美，不成人之惡』（論說）僖二十二年『禮人而不答，則反其敬，愛人而不親，則反其敬』治人而不治，則反其智』（孟子）皆是。穀梁經與左氏公羊異者以百數，此非經旨有殊，或由齊魯異讀，音轉而字亦分也。參攷書如嘉善鍾文烝之穀梁補註頗佳，書中對於春秋不決之疑，皆有所表見。

論語

論語有齊論古論魯論之分，魯論二十篇，古論多從政一篇，齊論多『問王』『知道』二篇，魯論齊論爲今文，古論爲古文。漢世魯論有章句列於學官，至魏何晏乃爲集解，正始中上之，後盛行於世。此書蓋孔門言行錄也。

書中有講哲理者，有講政事者，有述逸民者，……詞語簡明，爲一部極好之修養書籍。惜章自爲章，句自爲句，紊亂無次，讀者惘然，苟能分門別目，另列篇次，如言孝言仁言學，……以類相從，參互觀之，則孔門學說不難得其津梁。

參攷書以朱子論語集註，劉寶楠論語正義，焦循論語通釋 崔述洙泗考信錄論語餘說爲最佳。

孝經

漢書藝文志云，孝經者，孔子爲曾子傳孝道也。何休稱「孔曰：『吾志在春秋，行在孝經，』」然篇中仲尼曾子屢見不鮮，意必後人僞託無疑也。

此書有今文古文之分，今文始自顏芝，古文出自孔子廟壁中，古文比今文多二十四字。桓譚新論云：「古孝經千八百七十二字今異者四百餘字」，此當係別一孝經。

書中以事親事君並列，爲封建思想中有力之著作，學者當分別觀之。

參攷書如丁晏之孝經徵，訓詁詳贍，頗足觀覽。

爾雅

爾雅作者先儒迄無定論，或言周公所作孔子所增，子夏所益。又有謂爲孔子門人所作以釋六藝之文，更有謂爲叔孫通所補，郫郡梁父所考，均無可証明。

此書所以通詁訓之指歸，敘詩人之興詠總絕代之離詞，辯同異而殊號者也。劉熙釋名云、「爾」昵也，「昵」近也，「雅」義也，「義」正也，五方之言不同，皆以近正爲主也。良以齊音楚語，風氣區分，踧口含唇，短長互異，不有會通，曷窺旨要？雖會萃夫殊言，必統冣於雅訓。蓋爾雅者，古人小學之書也，小學明則六經之文皆字順詞洽，周末漢初諸儒釋六經者，悉依爾雅，是則爾雅原本固在周末以前矣。要之爾雅者蓋興於中古，隆於漢代，豹鼠既辯，其業亦敷，洵不失爲後學辨識古文之梯階也。

參攷書郝懿行之爾雅義疏頗佳，如悉「初裁始基」列舉尚書詩經說文一切經音義等書，旁徵博引，宏富可嘉。他如邵編修之爾雅正義。

孟子

孟子名軻（生於周列王四年四月一日，死於周赧王二十六年十一月十五日年八十四）受業子思之門人，其學說以仁義爲本，道性善，言必稱堯舜；其勉後進也，則曰聖人與我同類；其對政治主張也，則曰民爲貴，社稷次之，君爲輕。

其書以趙歧所注本爲今文，獻王所得者爲古文。古本列於諸子，自陳氏書錄解題始以語孟入經類而爲之說曰，韓文公稱孔子傳之孟軻軻死不得其傳，天下學者盛曰孔孟。

全書七篇，當係其徒所輯，惟文字不講論理處頗多，如評論揚墨

「爲我」「兼愛」爲無父無君，爲禽獸，案爲我即民飢由己，民寒由己；兼愛即汜愛，孝弟，爲行仁之始；汜愛極行仁之終，博施濟衆，堯舜其猶病諸，烏得斥爲禽獸？又如陳仲子篇：「耳無聞，目無見，井上有李，匍匐往食之」，夫既耳無聞，目無見矣，又烏知井上有李乎？其言論不講事實類此。

參攷書趙註較佳。

附十三經篇目

周易

上經

乾　坤　屯　蒙　需　訟　師　比　小畜　履

泰　否　同人　大有　謙　豫　隨　蠱

臨　觀　噬嗑　賁　剝　復　无妄　大畜

頤　大過　坎　離

下經

咸　恆　遯　大壯　晉　明夷　家人　睽　蹇

解　損　益　夬　姤　萃　升　困　井　革

鼎　震　艮　漸　歸妹　豐　旅　巽　兌

渙　節　中孚　小過　既濟　未濟

彖上傳　彖下傳

繫辭上　繫辭下　文言傳　說卦傳　序卦傳　雜卦傳

易贊　筮儀

之棠案魏王弼注本目錄無彖上下傳，文言傳，易贊，筮儀，而說卦，序卦，雜卦三篇目均闕傳字，今據寶應劉世讜輯本補之，上下經細目劉本無，則仍王弼注本之舊。

尚書

虞書

堯典　舜典　大禹謨　皐陶謨　益稷

夏書

禹貢　甘誓　五子之歌　胤征　湯誓

商書

湯誓　仲虺之誥　湯誥　伊訓　太甲上　太甲中

太甲下　咸有一德　盤庚上　盤庚中　盤庚下

說命上　說明中　說命下　高宗肜日　西伯　戡黎

微子

周書

泰誓上　泰誓中　泰誓下　牧誓　武成　洪範

旅獒　金縢　大誥　微子之命　康誥　酒誥　梓材

召誥 洛誥 多士 無逸 君奭 蔡仲之命 多方

立政（上海商務印書館十三年出版之十三經本誤立政上周書爲商書） 周官

君陳 顧命 康王之誥 畢命 君牙 冏命 呂刑

文侯之命 費誓 秦誓

毛詩

國風

周南

關雎 葛覃 卷耳 樛木 螽斯 桃夭 兎罝

芣苢 漢廣 汝墳 麟之趾

召南

鵲巢　采蘩　草蟲　采蘋　甘棠　行露　羔羊

殷其靁　摽有梅　小星　江有汜　野有死麕

何彼穠矣　騶虞

邶

柏舟　綠衣　燕燕　日月　終風　擊鼓　凱風

雄雉　匏有苦葉　谷風　式微　旄邱　簡兮　泉水

北門　靜女　新臺　二子乘舟

鄘

柏舟　牆有茨　君子偕老　桑中　鶉之奔奔

定之方中　蝃蝀　相鼠　干旄　載馳

衛

淇澳　考槃　碩人　氓　竹竿　芄蘭　河廣
伯兮　有狐　木瓜

王

黍離　君子于役　君子陽陽　揚之水　中谷有蓷上海共和書局石印本目錄誤谷爲國
邱中有麻　兎爰　葛藟　采葛　大車

鄭

緇衣　將仲子　叔于田　大叔于田　淸人　羔裘
遵大路　女曰鷄鳴　有女同車　山有扶蘇　蘀兮
狡童　褰裳　丰　東門之墠　風雨　予衿　揚之水
出其東門　野有蔓草　溱洧

齊

鷄鳴　還　著　東方之日　東方未明　南山　甫田

盧令　敝笱　載驅　猗嗟

魏

葛屨　汾沮洳　園有桃　陟岵　十畝之間　伐檀

碩鼠

唐

蟋蟀　山有樞　揚之水　椒聊　綢繆　杕杜　羔裘

鴇羽　無衣　有杕之杜　葛生　采苓

秦

車鄰　駟鐵　小戎　蒹葭　終南　黃鳥　晨風

無衣　渭陽　權輿

陳

宛丘　東門之枌　衡門　東門之池　東門之楊　墓門

防有鵲巢　月出　株林　澤陂

檜

羔裘　素冠　隰有長楚　匪風

曹

蜉蝣　候人　鳲鳩　下泉

豳

七月　鴟鴞　東山　破斧　伐柯　九罭　狼跋

小雅

鹿鳴之什

鹿鳴　四牡　皇皇者華　棠棣　伐木（共和書局誤伐作代）

天保　采薇　出車　杕杜　南陔

白華之什

白華　華黍　魚麗　由庚　南有嘉魚　崇邱　南山

有臺　由儀　蓼蕭　湛露

彤弓之什

彤弓　菁菁者莪　六月　采芑　車攻　吉日　鴻雁

庭燎　沔水　鶴鳴

祈父之什

祈父　白駒　黃鳥　我行其野　斯干　無羊　節南

山　正月　十月之交　雨無正

小旻之什

小旻　小宛　小弁　巧言　何人斯　巷伯　谷風

蓼莪　大東　四月

北山之什

北山　無將大車　小明　鼓鐘　楚茨　信南山　甫

田　大田　瞻彼洛矣　裳裳者華

桑扈之什

桑扈　鴛鴦　頍弁　車舝　青蠅　賓之初筵　魚藻

采菽　角弓　菀柳

都人士之什

都人士　采綠　黍苗　濕桑　白華　緜蠻　瓠葉

漸漸之名　苕之華　何草不黃

大雅

文王之什

文王　大明　緜　棫樸　旱麓　思齊　皇矣　靈

臺　下武　文王有聲

生民之什

生民　行葦　旣醉　鳧鷖　假樂　公劉　泂酌

卷阿　民勞　板

蕩之什

蕩　抑　桑柔　雲漢　崧高　烝民　韓奕　江漢

常武　瞻卬　召旻

頌

周頌清廟之什

清廟　維天之命　維清　烈文　天作　昊天有成命

我將　時邁　執競　思文

周頌臣工之什

臣工　噫嘻　振鷺　豐年　有瞽　潛　雝　載見

有客　武

周頌閔予小子之什

閔予小子　訪落　敬之　小毖　載芟　良耜　絲衣

酌桓　賚般　魯頌

駉　有駜　泮水　閟宮

商頌

那　烈祖　玄鳥　長發　殷武

周禮

天官冢宰　地官司徒　春官宗伯　夏官司馬　秋官司寇

冬地考工記

儀禮

士冠禮　士昏禮　士相見禮　鄉飲酒禮　鄉射禮　燕

禮　大射　聘禮　公食大夫禮　覲禮　喪服子夏傳

士喪禮　既夕禮　士虞禮　特牲饋食禮　少牢饋食禮
有司

禮記

曲禮上　曲禮下　檀弓上　檀弓下　王制　月令
曾子問　文王世子　禮運　禮器　郊特牲　內則
玉藻　明堂位　喪服小記　少儀　學記　樂記
雜記上　雜記下　喪大記　喪服大記　祭法　祭義
祭統　經解　哀公問　仲尼燕居　孔子閒居　坊記
中庸　表記　緇衣　奔喪　問喪　服問　間傳
三年問　深衣　投壺　儒行　大學　昏義　鄉飲酒

義　射義　燕義　聘義　喪服四制

春秋左傳

隱公統十一年　桓公統十八年　莊公三十二年　閔公統二年

僖公統三十三年　文公統十八年　宣公統十八年　成公統十八年

襄公統三十一年　昭公統三十六年　定公統十五年　哀公統三十七年

春秋公羊傳目仝前

春秋穀梁傳目仝前

論語

學而　爲政　八佾　里仁　公冶長　雍也　述而

泰伯　子罕　鄉黨　先進　顏淵　子路　憲問

衛靈公　季氏　陽貨　微子　子張　堯曰

孝經

開宗明義章　天子章　諸侯章　卿大夫章　士章　庶

人章　三才章　紀孝行章　五刑章　廣要道章

廣至德　廣揚名章　諫諍章　感應章商務印書館十三年十三經

本誤感作廣　事君章　喪親章

爾雅

釋詁　釋言　釋訓　釋親　釋宮　釋器　釋天
釋地　釋丘　釋山　釋水　釋木　釋蟲　釋魚
釋鳥　釋獸　釋畜

孟子

梁惠王上　梁惠王下　公孫丑上　公孫丑下　滕文公上
滕文公下　離婁上　離婁下　萬章上　萬章下　告子
上　告子下　盡心上　盡心下

子篇

福建林之棠著

（一）論諸子學之所由生

文王之時，紂爲天子，賦斂無度，殺戮無止，康梁沈湎，宮中成市，作爲炮烙之刑，刳諫者，剔孕婦，天下同心而苦之。文王四世纍善，脩德行義，處岐周之閒，地方不過百里，天下二垂歸之。文王欲以卑弱制强暴，以爲天下去殘除賊而成王道，故太公之謀生焉。

文王業之而不卒。武王繼文王之業，用太公之謀，悉索薄賦，躬擐甲冑，以伐無道而討不義，誓師牧野，以踐天子之位。天下未定，海內未輯，武王欲昭文王之令德，使夷狄各以其賄來貢，遼遠未能至，故治三年之喪，殯文王於兩楹之閒，以俟遠方，武王立三年而崩，成王在襁褓之中，未能用事，蔡叔管叔輔公子祿父而欲爲亂。周公繼文王之業，持天子之政，以股肱周室，輔翼成王，懼爭道之不塞，臣下之危上也，故縱馬華山，放牛桃林，敗鼓折枹，搢笏而朝，以寗靜王室，鎭撫諸侯。成王既壯，能從政事，周公受封於魯，以此移風易俗。孔子脩成康之道，述周公之訓，以教七十子，使服其衣冠，脩其篇籍，故儒者之學生焉。

墨子學儒者之業，受孔子之術，以爲其禮煩擾而不侻，厚葬靡財而貧民，久服傷生而害事，故背周道而用夏政。禹之時，天下大水，禹身執虆臿以爲民先，剔河而道九岐，鑿江而通九路，辟五湖而定東海。當此之時，燒不暇撌，濡不給扢，死陵者葬陵，死澤者葬澤，故節財，薄葬，閒服生焉。

齊桓公之時，天子卑弱，諸侯力征，南夷北狄交伐中國，中國之不絕如線。齊國之地，東負海而北障河，地狹田少而民多智巧。桓公憂中國之患，苦夷狄之亂，欲以存亡繼絕，崇天子之位，廣文武之業，故管子之書生焉。

齊景公內好聲色，外好狗馬，獵射忘歸，好色無辨，作爲路寢之臺，族鑄大鐘，撞之庭下，郊雉皆呴，一朝用三千鐘贛，梁丘據，子家噲導於左右。

晚世之時，六國諸侯谿異谷別，水絕山隔，各自治其境內，守其分地，握其權柄，擅其政令，下無方伯，上無天子，力征爭權，勝者爲右，恃連與約重致，剖信符，結遠援，以守其國家，持其社稷，故縱橫脩短生焉。

申子者，韓昭釐之佐。韓，晉別國也，地墽民險而介於大國之間。晉國之故禮未滅，韓國之新法重出，先君之令未收，後君之令又下、新故相反，前後相繆，百官背亂，不知所用，故刑名之書生焉。秦國之俗，貪狠强力，寡義而趨利，可威以刑而不可化以善，可勸以賞而不可厲以名，被險而帶河，四塞以爲固，地利形便，畜積殷富。孝公欲以虎狼之勢而吞諸侯，故商鞅之法生焉。（淮南子要略）

（二）周秦

諸子學之所由生，已如淮南所述矣。故吾國學術思想，當斷自周秦。夫道德，陰陽，儒，墨，名，法皆務爲治者也，特所從言之異路，有省不省耳。茲先述道家。

（甲）道家

道家無爲而無不爲，其實易行，其辭難知，其術以虛無爲本，以因循爲用，主是說者老聃莊周是已。

(1)老聃

老聃者，楚苦縣，厲鄉，曲仁里人也。名耳，字聃，姓李氏。周守藏室之史也。

孔子適周，將問禮於老子，老子曰，「子所言者，其人與骨皆已朽矣，獨其言在耳。且君子得其時，則駕，不得其時，則蓬累而行。吾聞之，良賈深藏，若虛，君子盛德，容貌若愚。去子之驕氣與多欲，態色與淫志，是皆無益於子之身。吾所以告子，若是而已。」孔子去，謂弟子曰，「鳥，吾知其能飛，魚，吾知其能游，獸，吾知其能走。走者可以爲罔，游者可以爲綸，飛者可以爲矰。至於龍，吾不能知其乘風雲而上天。吾今日見老子，其猶龍邪。」

老子脩道德，其學以自隱無名爲務。居周久之，見周之衰，迺遂去，至關。關令尹喜曰，「子將隱矣，疆爲我著書。」於是老子迺著書上下篇言道德之意五千餘言，而去。莫知其所終。

或曰，老萊子，亦楚人也。著書十五篇，言道家之用。與孔子同時云。蓋老子百有六十餘歲，或言二百餘歲，以其脩道而養壽也。

自孔子死之後百二十九年，而史記周太史儋見秦獻公曰，「始秦與周合，合五百歲而離，離七十歲而霸王者出焉。」或曰，儋，卽老子，或曰，非也。世莫知其然否。司馬遷史記老子韓非列傳

老子之年代司馬遷亦不能定其爲何時，惟細察史記孔子世家，及老子韓非列傳，可假定爲與孔子同時，胡適之先生，中國哲學史大綱謂老子生於周靈王初年當西曆前五七〇年左右亦一假定耳。

老子學說重要之點有三：

（a）打破主觀之階級觀念，認定一切是非皆由比較而生，其言曰：

「天下皆知美之爲美，斯惡已，皆知善之爲善，斯不善已。故有無相生，長短相形，高下相傾，音聲相和，前後相隨不尙賢使民不爭，不貴難得之貨，使民不爲盜，不見可欲，使民心不亂。」

「五色令人目盲，五音令人耳聾，五味令人口爽，馳騎田獵令人心發狂，難得之貨，令人行妨」

「大道廢，有仁義，智慧出，有大僞，六親不和有孝慈，國家昏亂有忠臣。」

「絕仁棄義，民復孝慈，絕聖棄智，民利百倍，絕巧棄利，盜賊無有。」道德經

（b）使民無知無欲，其言曰：

「是以聖人處無爲之事，行不言之教，萬物作而不辭，生而不育，功成而不居，夫惟不居，是以不去。」

「是以聖人之治，虛其心，實其腹，弱其志，强其骨，常使民無知無欲，使夫知者不敢爲也。」

「是以聖人爲腹不爲目，故去彼就此」。

「是以聖人抱一，爲天下式，不自見故明，不自是故彰，不自伐故有功，不自矜故長，夫惟不爭，故天下莫能與之爭。」（道德經）

（c）無政府主義，取銷一切人爲之家庭觀念，社會制度，國家組織，恢復太古時代之生活。其言曰：

「民之飢以其上食稅之多，是以飢，民之難治，以其上之有爲，是以難治。」

「故以智治國，國之賊；不以智治國國之福。」

「小國富民，使民有什伯之器而不用，使民重死而不遠徙，雖有舟車，無所乘之，雖有甲兵，無所用之，使民復結繩而用之。」

「甘其食，美其服，安其居，樂其俗，鄰國相望，鷄犬之聲相聞，使民至老死不相往來。」~~道德經~~

由老子之道，佳兵不祥，則殺人之器無有，而戰爭息，少私寡慾，則攘奪鬥狠之事無有，而禮讓興，階級平則勢權勝敗之心無有，而民各安居樂業，鷄犬之聲相聞老死不相往來，則不知有漢，遑論魏晉，只要在一島中，山頂，谷內，崖旁，溪口，樹上，穴裏，只要占宇宙間之一所，便自成一世界，如此，則人之孝父母若慈烏，友兄弟若脊鴿，敬夫婦若鴛鴦，飾僞不生，而父子兄弟夫婦之間，相親相愛純乎得天理之正。夫人之爲不善，非其性也，故孩提之童，無不知愛其父母，及其長也無不知敬其兄長，孝友之心與生俱生也，猶之慈烏之孝，脊鴒之友，鴛鴦之愛皆天性使之然也，慈烏脊鴒，鴛鴦有誰道其孝養敦睦友愛也哉？而孝養敦睦友愛自有生以來，代續不衰。吾見人有不孝於其親，不友於其兄，不睦於其夫與婦者矣，未聞慈烏之不孝，脊鴒之不友，鴛鴦之不和矣。非人之性爲不善，環境有以使然也，環境之足以移人爲不善，由於上之有爲也，不教以白，焉知有黑？不教以上，焉知有下？不教以孝，焉知不孝？不教以友，焉知不友？不教以和，焉知不和？故老子曰：「人之難治，由於上之有爲是以難治，是以聖人處無爲之事，行不言之教，萬物作而不辭，生而不欲，爲而不恃，功成而不居，常使民無知無欲，爲無爲，則無不治矣。老子立說之旨，要不外此。

（2）莊周

莊子者，蒙人也，名周。嘗爲蒙漆園吏，與梁惠王齊宣王同時。（西歷二七五年左右）其學無所不闚，然其要本歸於老子之言。故其著書十餘萬言，大抵率寓言也。作漁父，盜跖，胠篋，以詆訾孔子之徒，以明老子之術。畏累虛，亢桑子之屬，皆空語無事實。然善屬書離辭，指事類情，用剽剝儒墨，雖當世宿學，不能自解免也。其言洸洋自恣以適己。故自王公大人，不能器之。

楚威王聞莊周賢，使使厚幣迎之，許以爲相。莊周笑謂楚使者曰，「千金，重利；卿相，尊位也。子獨不見郊祭之犧牛乎？養食之數歲，衣以文繡，以入大廟，當是之時，雖欲爲孤豚，豈可得乎？子亟去，無污我。我寧游戲污瀆之中自快，無爲有國者所羈，終身不仕，以快吾志焉。」（史記老子韓非傳）

其學說以自然爲本，其言曰：

「大道不稱，大辨不言，大仁不仁，大廉不嗛，大勇不忮，道昭而不道，言辯而不及，仁常而不成，廉淸而不信，勇忮而不成，五者圓而幾向方矣，故知止其所不知，至矣。孰知不言之辯，不道之道，若有能知此之謂天府」（齊物論）

此亦老子「大成若缺，大盈若冲，大直若屈，大巧若拙，大辯若訥，作而不辭，爲而不恃，功成而不居」之意也。夫莊周以謬悠之說，荒唐之言，無端崖之辭，時恣縱而不儻，不以觭見之也。以天下爲沈濁不可與莊語，以巵言爲曼衍，以重言爲眞，以寓言爲廣，獨與天地精神往來，而不敖倪於萬物。不譴是非，以與世俗處。其書雖瓌瑋，而連犿，無傷也。其辭雖參差，而諔詭，可觀。彼其充實，不可以已。上與造物者遊，而下與外死生，無終始者爲友。其於本也，弘大而闢，深閎而肆。其於宗也，可謂調適而上遂矣。雖然，其應於化而解於物也，其理不竭，其來不蛻。芒乎，昧乎，未之盡者。

漢書藝文志載道三十七家，九百九十三篇，其目如左：

伊尹，五十一篇。（湯相。）

太公，二百三十七篇，（呂望，爲周師。篇中有謀，八十一篇。言，七十一篇。兵，八十五篇。

辛甲，二十九篇。紂臣七十五諫而去，周封之。）

鬻子，二十二篇。（名熊，爲周師，自文王以下問焉。周封爲楚祖。）

筦子，八十六篇。（名夷吾，相齊桓公，九合諸侯，不以兵車也。有列傳。）

老子鄰氏經傳，四篇。（性李，名耳。鄰氏傳其學。）

老子傅氏經說，三十七篇。（述老子學。）

老子徐氏經說，六篇。（字少季，臨淮人，傳老子。）

劉向說老子，四篇。

文子，九篇。（老子弟子，與孔子並時，而稱周平王問，似依託者也。）

蜎子，十三篇。（名淵，楚人，老子弟子。）

關尹子，九篇。（名喜，爲關吏，老子過關，喜去吏而從之。）

莊子，五十二篇。（名周，宋人。）

列子，八篇。（名圄寇，先莊子，莊子稱之。）

老成子，十八篇

長盧子，九篇。（楚人。）

王狄子，一篇

公子牟，四篇。（魏之公子也，先莊子，莊子稱之。）

田子，二十五篇。（名駢，齊人，游稷下，號「天口駢。」）

老萊子，十六篇。（楚人，與孔子同時。）

黔婁子，四篇。（齊隱士，守道不詘，威王下之。）

宮孫子，二篇

鶡冠篇，一篇。（楚人。居深山，以鶡爲冠。）

周訓，十四篇。

黃帝四經，四篇。

黃帝銘，六篇。

黃帝君臣，十篇。（起六國時。與老子相似也。）

雜黃帝，五十八篇。（六國時賢者所作。）

力牧，二十二篇。（六國時所作，託之力牧，力牧，黃帝相。）

孫子，十六篇。（六國時。）

捷子，二篇。（齊人）

曹羽，二篇。（楚人。武帝時說於齊王。）

郎中嬰齊，十二篇。（武帝時。）

臣君子，二篇。（蜀人。）

鄭長者，一篇。六國時。先韓子，韓子稱之。

楚子，三篇。

道家言，二篇。（近世。不知作者。）

(乙)陰陽家

陰陽之術大祥而衆忌諱，泥於小數，舍人事而任鬼神，是其所短；敘四時，八位，二十四節，敬順昊天，歷象日月星辰，敬授民時，爲後世天文學祖，則其所長也。

周秦間陰陽家書，今多散失，惟史記孟子荀卿傳載騶衍事頗足參攷，史記云：

騶衍睹有國者益淫侈，不能尙德，若大雅整之於身，施及黎庶矣。乃深觀陰陽消息，而作怪迂之變，終始大聖之篇，十餘萬言。其語閎大不經，必先驗小物，推而大之至於無垠。先序今以上至黃帝，學者所共術，大並世盛衰，因載其禨祥度制，推而遠之至天地未生，窈冥，不可考而原也。先列中國名山大川通谷禽獸，水土所殖，物類所珍，因而推之及海外人之所不能睹。稱引天地剖判以來，五德轉移，治各有宜，而符應若茲。以爲儒者所謂中國者，於天下乃八十一分居其一分耳。中國，名曰赤縣神州，赤縣神州內自有九州，禹之序九州是也。不得爲州數。中國外，如赤縣神州者九，乃所謂九州也。於是有裨海環之，人民禽獸莫能相通者，如一區中者乃爲一州，如此者九，乃有大瀛海環其外，天地之際焉。其術皆此類也。然要其歸，必止乎仁義節儉，君臣上下六親之施，始也濫耳。王公大人初見其術，懼然顧化，其後不能行之。是以騶子重於齊。適梁，梁惠王郊迎，執賓主之禮。適趙，平原君側行撇席。如燕，昭王擁彗先驅，請列弟子之座而受業，築碣石宮，身親往師之。作主運。其游諸侯見尊禮如此。豈與仲尼菜色陳蔡，孟軻困於齊梁同乎哉？

故武王以仁義伐紂而王，伯夷餓不食周粟。衛靈公問陳，而孔子不答。梁惠王謀欲攻趙，孟軻稱太王去邠。此豈有意阿世俗苟合而已哉？持方柄欲內圜鑿，其能入乎？

或曰，「伊尹負鼎，而勉湯以王。百里奚飯牛車下，而繆公用霸。」作先合，然後引之大道。騶衍其言雖不軌，儻亦有牛鼎之意乎。

漢書藝文志列陰陽二十一家，三百六十九篇其目如左：

宋司星子韋，三篇。（景公之史。）

公檮生終始，十四篇。（傳鄒奭始終書。）

公孫發，二十二篇。（六國時。）

鄒子，四十九篇。（名衍。齊人。）

鄒子終始，五十六篇。

乘丘子，五篇。（六國時。）

杜文公，五篇。（六國時。）

黃帝泰素，二十篇。（六國時韓諸公子所作。）

南公，三十一篇。（六國時。）

容成子，四十篇。

張蒼十六篇。（丞相北平侯。）

一奭子，十二篇。（齊人。號曰雕龍奭。）

閭丘子，十三篇。（名快，魏人。在南公前。）

馮促，十三篇。（鄭人。）

將鉅子五篇。（六國時。先南公，南公稱之。）

五曹官制，五篇。（漢制。似賈誼所條。）

周伯，十一篇。（齊人。六國時。）

衛侯官，十二篇。（近世，不知作者。）

于長天下忠臣，九篇。（平陰人。近世）

公孫渾邪，十五篇。（平曲侯）

雜陰陽，三十八篇，（不知作者。）

（丙）儒家

孔子爲羣儒之祖，二千年來中國政教之所由宗也。其學說以仁爲本，「氾愛，爲行仁之始，博施濟衆，極行仁之終」，「義禮智信皆仁也，識得此理，以誠敬存之而已。」

及至孟子，則補一義字，於是仁義並稱，「仁者人也，義者宜也」，「仁義非從外鑠我，我固有之也，求則得之，舍則失之」，故曰「萬物皆備於我，須反身而誠，乃爲大樂」。

孟子之後若荀子，若董仲舒，若劉向，若揚雄，若韓愈，若程朱陸王顏李，皆就此仁義二字加以發揮，儒教光大，有由然矣。茲先述

（1）孔丘

孔子生魯昌平鄉陬邑，其先宋人也，曰孔防叔，防叔生伯夏，伯夏生叔梁紇，紇與顏氏女野合而生孔子，魯襄公二十二年而孔子生，

(周宣王二十一年，西曆紀元前五百五十一年)生而首上圩頂，故名曰邱云，字仲尼，姓孔氏。

孔子貧且賤，及長，嘗爲委吏，料量平，嘗爲乘田，而畜蕃息，由是爲司空，已而去魯，斥乎齊，逐乎宋衛，困於陳蔡之間，於是反魯，乃因史記作春秋，上至隱公，下迄哀公十四年，十二公。筆則筆，削則削，游夏之徒，不能贊一辭，弟子受春秋，孔子曰，「後世知丘者以春秋，而罪丘者亦以春秋。」

年七十三，以魯哀公十六年，四月己丑卒，(周敬王四十一年，西曆紀元前，四百一十九年。參攷史記孔子世家

孔子讀書最勤，嘗「終日不食，終夜不寢」，「篤志」「近思」，「博學」「不厭」，匪獨「好古」「溫故」，抑且，「敏求」「知新」。

其立言最爲忠實，「知之爲知之，不知爲不知」；

其態度最爲誠懇，「有若無，實若虛」，「以能問於不能，以多問於寡」；

其紀載最爲精確，「不恥下問。擇善而從」，「疑」則「闕」之，「愼言其餘」。

其語：「詩書執禮」；

其敎：「文行忠信」；

其政：「德」，「時」，「惠」，「義」；

修己重，臨事敬，與人忠，「過則改」，「義則徙」，「據於德，依於仁」，「溫而厲，恭而安」，「見危致命，見得思義」，「老者安之，少者懷之」，斯其所以爲孔子歟。

（2）孟軻

「孟軻，鄒人也，生於周列王四年，（西曆紀元前三百七十二年），受業子思之門人，道既通，游事齊宣王，宣王不能用，適梁，梁惠王不果所言，則見以爲迂遠而闊於事情，當是之時，秦用商君，富國彊兵，楚魏用吳起，戰勝弱敵，齊威王宣王用孫子田忌之徒，而諸侯東面朝齊，天下方務於合從連衡，以攻伐爲賢，而孟軻乃述唐虞三代之德，是以所如者不合，退而與萬章之徒序詩書述仲尼之意，作孟子七篇。」卒於周赧王二十六年（西曆紀元前二百八十九年，年八十四。）參攷史記孟子荀卿傳

孟子好言仁義，孔子只道一仁字，觀論語所記，「人而不仁如禮何？人而不仁如樂何？」「不仁不可以久處約，不可以長處樂，「惟仁

者能好人，能惡人，苟志於仁無惡。好仁者無以尙之，惡不仁者，不使不仁者加乎其身，有能一日用其力於仁矣乎，未有力不足者」，然如何而後爲仁，孔子並未有明釋，故樊遲問仁？子曰：「先難而後獲。又曰。「愛人」，又曰：「居處恭，執事敬，與人忠。」顏淵問仁？子曰：「克己復禮」。仲弓問仁？子曰：「己所不欲，勿施於人。」司馬牛問仁？子曰：「其言也訒」。子張問仁？子曰：「恭寬信敏惠。」一仁字，其義所答各不同。孟子言之則甚顯，其言曰，「仁者人也。」「仁之實事親是也。」「義者宜也。「義之實從兄是也。」「事親」，孝也：「從兄」，悌也，孝悌也者其爲仁義之本也，孔子曰，「孝悌也者其爲仁之本歟」，此爲孟子添一義字之証。

道性善，言必稱堯舜，其言曰，舜何人也？余何人也？有爲者亦若是，」「人性無有不善，譬水之無有不下也」。人惟向善心體而力行之，「空乏其身，行拂亂其所爲」，泰然處之，終必有成，蓋天之將降大任於是人也，必先，苦其心志，勞其筋骨，餓其體膚，而後能遂其堅苦卓絕之才，是所謂生於憂患，而死於安樂也。其勉人爲善如此。

又曰；「志士不忘在溝壑，勇士不忘喪其元」，（不苟得而生，不惡死而避），「無爲其所不爲，無欲其所不欲」，「窮則獨善其身，達則兼善天下」，「窮不失義，達不離道」，其敎人操持也又如此。

嘗唱民貴君輕之說，其言曰：「君之視臣如手足，則臣視君若腹心，君之視臣如土芥，則臣視君若寇讎，」君無道，盡人皆得而誅之，「誅匹夫也，未聞弑君，」在君主時代，昌言民權，孟子實爲開山第一人，惟其爲文不講論理處頗多，說詳經篇，茲不具論。

（3）荀卿

荀卿趙人，年五十，始來遊學於齊，齊襄王時，而荀卿最爲老師，齊尙修列大夫之缺，而荀卿三爲祭酒焉。齊人或讒荀卿，荀卿乃適楚，而春申君以爲蘭陵令，春申君死而荀卿廢，因家蘭陵。荀卿疾濁世之政，亡國亂君相屬，不遂大道，而營於巫祝，信禨祥，鄙儒小拘，如莊周等又滑稽亂俗，於是推儒墨道德之行事興壞，序列著數萬言而卒，因葬蘭陵。參攷史記孟子荀卿傳

荀卿主性惡，其言曰：「人之性惡，其善者僞也。今人之性生而有好利焉，順是故爭奪生，而辭讓亡焉。生而有疾惡焉，順是故殘賊生，而忠信亡焉。生而有耳目之欲，好聲色焉，順是故淫亂生，而禮

義文理亡焉」（見性惡篇）所云雖與孟子性善之說相反，然其主張辭讓忠信禮義則純乎得儒家之正，又曰「禮者養也。君子既得其養，又好其別。曷謂別，曰．貴賤有等，長幼有差，貧富輕重，皆有稱者也。

孰知夫出死要節之所以養生也。孰知夫出費用之所以養財也。孰知夫恭敬辭讓之所以養安也。孰知夫禮義文理之所以養情也，故人苟生之爲見，若者必死。苟利之爲見，若者必害。苟怠情偸懦之爲安，若者必危。苟情說之爲樂，若者必滅。故人一之於禮義，則兩得之矣。一之於情性，則兩喪之矣」（見禮論）又曰：「繩者直之至，衡者平之至」。「規矩者方圓之至，禮者人道之極也。然而不法禮，不足禮，謂之無法之民。法禮，足禮，謂之有方之士。（見禮論）

審此則知荀子之言禮，將以辨貴賤，制情性，順下明上，萬變不亂，立隆以爲極，非後世所能損益也。

荀子好言名，著正名篇，制名以指實，明貴賤辨同異，名定而實辨，故民莫敢託爲奇辭以亂正名，民莫敢託爲奇辭以亂正名，故壹於道法，而謹於循令矣。

荀子反對當時用名之亂凡三：（俱見正名篇）

一用名以亂名，如云殺盜非殺人。

二用實以亂名，如云山淵平。

三用名以亂實，如云馬非馬。

故荀子謂同則同之，異則異之，異實者，莫不異名，同實者莫不同名，不可亂也。

右敍儒家代表凡三：一孔子，二孟子，三荀子。秦以降，別爲專篇述之，

漢書藝文志載儒五十三家，八百三十六篇，入揚雄一家三十八篇：其目必左：

晏子，八篇。（名嬰，謚平仲，相齊景公。孔子稱「善與人交。」有列傳。）

子思，二十三篇。（名伋，孔子孫，爲魯繆公師。）

曾子，十八篇。（名參，孔子弟子。）

漆雕子、十二篇。（名子弟子、漆雕啟後。）

宓子、十六篇。（名不齊、字子賤，孔子弟子。）

景子、三篇。（說宓子語、似其弟子。）

世子、二十一篇。（名碩、陳人也、七十子之弟子。）

魏文侯、六篇。

李克、七篇。（子夏弟子、爲魏文侯相。）

公孫尼子、二十八篇。（七十子之弟子。）

孟子、十一篇。（名軻、鄒人、子思弟子。有列傳。）

孫卿子、三十三篇。（名況、趙人、爲齊稷下祭酒。有列傳。）

芊子、十八篇。（名嬰、齊人、七十子之後。）

內業、十五篇。（不知作書者。）

周史大弢、六篇。（惠襄之間。或曰、「顯王時。」或曰、「孔子問焉。」）

周政、六篇。（周時法度政教。）

周法、九篇。（法天地、立百官。）

河閒周制、十八篇。（似河閒獻王所述也。）

讕言、十一篇。（不知作者。陳人君法度。）

功議、四篇。（不知作者。論功德事。）

甯越、一篇。（中牟人、爲周威王師。）

王孫子、一篇。（一曰巧心。）

公孫固、一篇。（十八章。齊閔王失國、問之固、因爲陳古今成敗也。）

李氏春秋、二篇。

羊子、四篇。（百章。故秦博士。）

董子、一篇。（名無心。難墨子。）

侯子、一篇。

徐子、四十二篇。（宋外黃人。）

魯仲連子、十四篇。（有列傳。）

平原君、七篇。（朱建也。）

虞氏春秋、十五篇。（虞卿也。）

高祖傳、十三篇。（高祖與大臣述古語及詔策也。）

陸賈、二十三篇。

劉敬、三篇。

孝文傳、十一篇。（文帝所稱及詔策。）

賈山、八篇。

太常蓼侯孔臧、十篇。（父聚，高祖時以功臣封、臧嗣爵。）

賈誼、五十八篇。

河閒獻王對上下三雍宮、三篇。

董仲舒、百二十三篇。

兒寬、九篇。

公孫私、十篇。

終軍、八篇。

吾丘壽王、六篇。

虞丘說、一篇。（難孫卿也。）

莊助、四篇。

臣彰、四篇。

鉤盾冗從李步昌、八篇。（宣帝時。數言事。）

儒家言、十八篇，（不知作着。）桓寬鹽鐵論、六十篇。劉向所序、六十七篇。（新序。說苑。世說。列女傳是也。）楊雄所序、三十八篇。（太玄十九。法言十三。樂四。箴二。）

（丁）墨家

墨子名翟，（漢書藝文志）魯人（通志氏族略引元和姓纂），生於周敬王二十年至三十年之間，（西歷紀元前五百年，至四百九十年），受業於史角之門，善守禦，（史記）爲世顯學。（韓非子）徒屬弟子，充滿天下。（呂氏春秋）。仕於宋。突不黔，（趙岐孟子章指）席不暖（淮南子）。嘗北之齊，西使衛，又屢遊楚，前至郢，後客魯陽，復欲適越而未果。其平生事蹟，如止魯陽文公之攻鄭，絀公輸般以存宋，而辭楚越書社之封，蓋其犖犖大者。卒於周威列王元年至十年之間，（西曆紀元前四百二十五年至四百十六年）年八九十歲。所著書，漢劉向校錄之爲七十一篇，（漢書藝文志）今存五十三篇。

其學，務不侈於後世，不靡於萬物，不暉於數度，以繩墨自矯，摩頂放踵，利天下而爲之。作爲非樂，命之曰，「節用」，生不歌，死無服，汎愛兼利而非鬥，好學而博不異，（莊子天下篇）又曰「兼愛」「尚賢」，「右鬼」「非命，」（淮南子）以爲儒者禮煩擾而不說，厚葬靡財而貧民，久服傷生而害事，故背周道，而用夏政。（淮南要略）——參攷孫詒讓墨子傳略

及其死也，徒分爲三：有相里氏之墨，有相夫氏之墨，有鄧陵氏之墨，（韓非顯學篇）公輸篇載墨子弟子有三百人，淮南王書亦謂墨

子服役者百八十人，今據孫詒讓墨子傳授考所載不逾三十人，名湮沒而不昌者，不知凡幾，悲夫。

（1）墨儒同異

墨學在當時甚爲儒家所不滿，故孟子謂墨者兼愛爲無父爲禽獸，殊不知墨子學說之同乎儒家者甚多。如：

（a）仁，

墨經上云：『仁體愛也，日中正南也。』，『此言推愛行仁，如日漸行於南也』。孔子曰：「汜愛衆，而親仁。又曰推己及人，爲仁由己」，其同一。

（b）孝，

墨經上云：「孝利親者也。」經說云：「孝以親爲芬，而能能利親；不必得。」「愛利親」謂之孝，「能能利親，」謂能善利其親也。「不必得」(得同德)者，言利親爲子之分，不自以爲德。孝經云；「夫孝天之經，地之義，民之行也」，其同二。

(c)三禮

墨經上云：「禮敬也」。經說云；「貴者公，賤者名，而俱有敬，優焉等異倫也，」此言貴賤雖異位，而用敬則同，若優怠不敬，則差異之倫叙等無別矣。禮曰「毋不敬」。其同三。

此外，儒家言「富貴在天」，墨子言「天志」，其同四。儒家言「鬼神之爲德其至矣乎」，墨子言「明鬼，」其同五。儒家言「善戰者服上刑」。墨子言「非攻」，其同六。

惟儒言「厚葬」，墨言「節葬」，儒言「死生有命」，墨言「非命」。儒言「好樂」，墨言「非樂」。此其所異也。

漢書藝文志諸子載墨六家，八十六篇，其目如左：

尹佚，二篇。（周臣，在成康時也。）

田俅子，三篇。（先韓子。）

我子，一篇。

隨巢子，六篇。（墨翟弟子。）

胡非子，三篇。（墨翟弟子。）

墨子，七十一篇。（名翟，爲宋大夫。在孔子後。）

（戊）名家

班固曰：古者名位不同，禮亦異數，孔子曰，必也正名乎。名不正，則言不順，言不順則事不成，此其所長也，及警者爲之，則苟鉤鈲折亂而已。

名家好爲堅白同異之說，如鄧析尹文，公孫龍，惠施之徒皆以善辯鳴。惜其書，今已失傳。百子所列鄧析尹文公孫龍書，悉屬贋品，惟惠施之說，尙存莊子天下篇，其言曰：

（一）至大無外，謂之大一。至小無內，謂之小一。

（二）無厚不可積也，其大千里。

（三）天與地卑。山與澤平。

（四）日方中方睨。物方生方死。

（五）大同而與小同異，此之謂小同異。萬物畢同畢異，此之謂大同異。

（六）南方無窮而有窮。

（七）今日適越而昔來。

（八）連環可解也。

（九）我知天下之中央，燕之北，越之南是也。

（十）氾愛萬物，天地一體也。

惠施以此爲大觀於天下而曉辯者，天下之辯者相與樂之。

（1）卵有毛。

（2）鷄三足。

（3）郢有天下。

（4）犬可以爲羊。

（5）馬有卵。

（6）丁子有尾。

(7)火不熱。

(8)山出口。

(9)輪不蹍地。

(10)目不見。

(11)指不至，至不絕。

(12)龜長於蛇。

(13)矩不方。規不可以爲圓。

(14)鑿不圍柄。

(15)飛鳥之景未嘗動也。

(16)鏃矢之疾，而有不行不止之時。

(17)狗非犬。

（18）黃馬，驪牛，三。

（19）白狗黑。

（20）狐駒未嘗有母。

（21）一尺之捶，日取其半，萬世不竭。

胡適之先生中國哲學史大綱依章炳麟明見篇將上從一至十分作三組

第一組　論一切空間之分割區別皆非實有　（一）（二）（三）

第二組　論一切時間之分割區別皆非實有（一）（四）（七）

（六）（七）（八）（九）

第三組　論一切同異皆非絕對者（五）

第（十）條爲斷案。先生之意以爲空間「即宇」，「宇」與「所」有別，「東方」「西方」「此處」「彼處」皆所也，所僅爲宇之一部分，彌滿上下四方謂之宇。惠施所謂「其大無外，謂之大一」是也。由宇分成單位，如「東方」「西方」之類，惠施所謂「其小無內，謂之小一」是也，然宇分至極小之單位——小一——依然此宇也，故惠施又謂「無厚不可積也，其大千里，」分割空間爲一線，線又切成點，即無厚不可積也，但依然其大無外之一部分，故「無厚不可積」與「其大千里」，同爲一物，同係無窮無極不可分割之空間。

第二論時間，一切時間分割區別，均非實有，古人名之爲宙，或命之曰「久」爲時之總名，「一時」「一刻」，「千年」「一刹那」爲時，彌滿古今旦暮爲久，皆係無窮無極不可割斷者，故亦可謂「其大無外，謂之大一」，其小無內，謂之小一」，大一係古往今來之久，小一係極小單位之時，將時間割成若干小一，依舊爲無窮無極不可割斷之時間。

故一切時間之分割，只係實際上應用之區別，決非實有。

第三一切同異皆非絕對的同異，一樹不能生同形之花，一花不能生同形之花瓣，便是萬物自相，由另一方面看，萬物皆有共通之點，如男與女雖有別，然同是人；人與禽獸雖有別，然同是動物，動物與植物雖有別，然同是生物，此便是萬物之共相，故萬物可說畢同，亦可說畢異，此之謂同異。

自卵有毛以下二十一則，先生又分作四類茲再本其意而序述之。

第一類論空間時間皆非絕對者。如(3)(9)(15)(16)(21)。蓋一郢之微亦占天下之一部。眼看前輪，已非後輪。飛鳥搖頭一影，展翅又一影。鏃失占領空間位置，故不行；處處占領，故不止，如觀電影中人馬行動，皆見勢未見形也。一尺之捶，若其可析，則常有兩，若不可析，其一常在，是也。

第二類論一切同異皆非絕對者，本類又分兩組，

（甲）從自相上看萬物畢異如（13）（14）（17）萬物無絕對相等，則矩之任何一邊皆不相等，故矩不方，同理規亦不可以爲圓。同理鑿之空不能恰與柄合，故不圍柄，狗與犬，大小不同故狗非犬，換言之匪獨狗非犬，即犬亦非犬，匪獨，白馬非馬，即馬亦非馬，蓋一分鐘前之犬與一分鐘後之犬已相懸殊，適見此馬，已非復適見之馬矣。

（乙）從共相上看，萬物畢同，如（1）（5）（6）（12）卵無毛盡人而知之，然果無毛，何以能生有毛之鷄？試取將孵之鷄，破其殼，即見內包有毛之鷄，故目所見者無毛之殼也，目所不能見者

有毛之殼內也，故卵無毛，必經有毛之階級。同理馬雖胎生，而亦必經過卵之階級。同理丁子當未成蝦蟆時在水中固一有尾之魚也。同理，龜之生也其形較蛇之生也長，以其幅圓廣大也。由此觀之，吾人目所見之物非物之眞正狀態，故由原子電子之原則上觀，則人體之最小部分等於犬馬之最小部分，犬馬之最小部分等於粉筆墨盒之最小部分，故人犬也，馬粉筆也，萬物無有不相同者。卵有毛，人豈無毛？卓亦未嘗不經過有毛之階級。丁子有尾，人亦未嘗無尾，人亦未嘗不經過有尾之階級。龜長於蛇，龜亦未嘗不長於人，人亦未嘗不經過龜之階級。由是則鳥等於獸，獸等於魚，魚等於草木，由是全生物界未有不相等者，由是則天地一體也，萬物一元也，由一而十，而百而千而萬以至於無窮，無窮亦只是此不可分之一耳。

第三類論知識（2）（7）（10）（11）（18）

鷄二足，自外觀之也。然司此二足以行之者則有賴於腦神經，故「鷄三足」。「火不熱」，火之熱不熱，由人之感覺而定，今有一人得傷寒病，六月炎暑置火爐於室而不熱，即由其感覺作用不感熱耳。「目不見」，目苟自能見物，則黑夜無燈胡不能見物？，乃必用燈者，可知目本不能見物，見物有賴於光線作用耳。「指不至」，指言物之表德，吾人見物，只知其形體表德，至於本體則固未有人能知，吾人知水爲輕養二氣化合而成，然輕養氣又爲何物化合而成？更進一層而窮究原子電子又爲何物化合而成者？故知物之表德，終不能知物之本體，欲窮物之本體則永無斷絕之一日，正如十以三分之，永無分斷之一日矣。黃馬一物也，驪牛又一物也，若無吾人之感覺則焉知有馬與牛，故「黃馬驪牛三」此與堅白石二同理。

第四論名(4)(19)(20)

犬可以爲羊，隨命名而定耳，北京呼犬從ch聲，福州呼犬從K聲，中國名犬爲犬，英美名犬爲dog，可見犬之名隨所命而異耳，若呼之曰羊，亦未嘗不可。「白狗黑」，白狗之所以白，由於比較而生，若有一較白之狗較之，則此白狗黑矣。故黑白隨比較而定，呼白狗爲黑狗亦何嘗不可。「孤駒未嘗有母」，無父曰孤，旣稱孤駒，則無父可知矣，無父焉生子，無子焉稱母，故曰「孤駒未嘗有母。」

總上觀之，惠施之意以爲一切用異，皆屬於主觀之區別，皆非絕對的區別也，然在知識上之區別同異則不可無，若無此區別同異之物指，即無知識，故必須細爲辨別，予以正確之名。辯者以此與惠施相應，終身無窮，桓團公孫龍之徒，不能以此自寧，散於萬物而不反，卒以善辯名。

(2)公孫龍

公孫龍姓公孫名龍，字子秉，趙人，以堅白之辯鳴於時，初爲平原君門客，平原君信其說，而待之，（謝希深公孫龍子序）其學說之最著者，爲白馬非馬論，其言曰：

「白馬非馬，可乎？曰可。曰何哉？曰：馬者所以命形也，白者所以命色也，命色者，非命形也，故曰，白馬非馬。」

謝注馬形者，喻萬物之形，皆材用也，馬色者說萬物種類各有親疏也，以養萬物，則天下歸，存親疏以待人，則海內叛，譬如離色命馬，衆馬斯應，守白求馬，唯得白馬，故命形而守一白色者，非命衆馬也。

「有白馬爲有馬，白之非馬，何也？曰：「求馬，黃黑馬皆可致。求白馬，黃黑馬不可致。」

謝注：白與馬連，而白非馬何故？曰：凡物親者少，疏者多，如一白之於衆色也，故離白求馬，黃黑皆至，以白命馬，衆色咸去，懷柔之道亦猶此也。

閱上二條，便可悉公孫龍學說之大綱，彼意以忘色求馬，衆馬皆應，忘私親人，天下皆親矣，是以聖人淡然忘懷，而以虛統物，故物無不治。又指物論云：

「物莫非指，而指非指。」

俞樾云，指謂指目之也，見牛而指目之曰牛，見馬而指目之曰馬，此所謂莫非指也，然牛馬者，人爲之名耳。吾安知牛之非馬，馬之非牛歟？故指非指也。

「天下無指，物無可以謂之物。」

俞樾云：天下無指，物無可以謂物，承物莫非指而言，無牛之名，則無牛矣，無馬之名，則無馬矣，何也？無以謂之也。故曰無指，物無可以謂物，此言萬物各有其名無是非也，是以聖人淵默慘淡忘是忘非是也。

漢書藝文志諸子列「名」七家，三十六篇，其目如左：

鄧析，二篇。鄭人，與子產並時。）

尹文子，一篇。（說齊宣王。先公孫龍。）

公孫龍子，十四篇。（趙人。）

成公生，五篇。（與黃公等同時。）

惠子，一篇（名施，與莊子並時。）

黃公，四篇。（名疵，爲秦博士。作歌詩。在秦時歌詩中。）

毛公，九篇。（趙人，與公孫龍等並游平原君趙勝家。）

（己）法家

講古代法理學者，莫不先道管仲，商鞅，申不害之流，惜今傳三子之書，悉屬僞造，不足憑信，故本章言法家，首述韓非。

韓非者，韓之諸公子也。喜刑名法術之學，而其歸本於黃老。非爲人口吃，不能道說，而善著書。與李斯俱事荀卿，斯自以爲不如非。

非見韓之削弱，數以書諫韓王，韓王不能用。於是韓非疾治國不務脩明其法制，執勢以御其臣下，富國彊兵，而以求人任賢，反舉浮淫之蠹，而加之於功實之上。以爲儒者用文亂法，而俠者以武犯禁，寬則寵名譽之人，急則用介冑之士，所養非所用，所用非所養。悲廉直不容於邪枉之臣，觀往者得失之變，故作孤憤，五蠹，內外儲，說林，說難十餘萬言。然韓非知說之難，爲說難，書甚具，終死於秦，不能自脫，人或傳其書至秦，秦王見孤憤，五蠹之書，曰，「嗟乎，寡人得見此人，與之游，死不恨矣。」李斯曰，「此韓非之所著書也。」秦因急攻韓，韓王始不用非，及急，迺遣非使秦王。秦悅之，未信用。李斯姚賈害之，毀之曰，「韓非，韓之諸公子也。今王欲並諸侯，非終爲韓不爲秦，此人之情也。今王不用，久留而歸之，此自遺患也。不如以過法誅之。」秦王以爲然，下吏治非，李斯使人遺非藥，使自殺。韓非欲自陳，不得見。秦王後悔之，使人赦之，非已死矣。

（史記老莊申韓列傳）韓非主張根本法治，與儒家之主張人治易其趣，儒家言人治，故人存政舉，人亡政息，法家則法存政舉，法亡政息，故曰行之而法，雖巷伯信乎卿相，行之而非法，雖大吏詘乎民萌。，儒家以主觀之人爲主體，法家以客觀之法爲標的，故儒治，可稱人治，法治亦可稱物治，惟其重物，故去仁愛智賢諸德。其言曰：

「儒墨皆稱先王兼愛天下，則民視如父母，何以明其然也？曰司寇行刑，君爲之不舉樂，聞死刑之報，君爲流涕，此所舉先王也……且夫以法行刑而君爲之流涕，此以效仁，非以爲治也，夫垂泣不欲刑者仁也，然而不可不刑者，法也，先王勝其法，不聽其泣，則仁之不可以爲治亦明矣。」

又曰：

「今儒墨皆稱先王兼愛天下，則民視如父母，……夫以君臣爲如父子則必治，推是言之，是無亂父子也，人之情性莫先於父母，父母皆見愛，而未必治也，君雖厚愛，奚遽不亂？今先王之愛民不過父母之愛子，子未必不亂也，則民奚遽治也」？（五蠹）

又曰：

所謂智者微妙之言也，微妙之言，上智之所難知也。今爲衆人法，而以上智之所難知，則民無從識之矣，故糟糠不飽者，不務粱肉，短褐不完者，不待文繡，……故微妙之言非民務也。」（五蠹）

又曰：

不事力而衣食，則謂之能，不戰功而尊，則謂之賢㊀，賢能之行成，而兵弱而地荒矣。人主說賢能㊁之行，而忘兵弱地荒之禍，則私行立，而公利滅矣。」五蠹

之子韓意以爲仁愛智賢，皆係抽象名詞，不足以爲治，惟有賞罰使天下必行之，令曰中程者賞，不中程者誅。無書簡之文，以法爲教；無先王之語，以吏爲師；無私劍之捍，以斬首爲勇；境內之民，言談者必軌於法，動作者歸之於功，爲勇者盡之於軍，一人不兼官，一官不兼事，卑賤不待尊貴而論，大臣不因左右而見，見知不弊於前，賞罰不弊於後。賞莫如厚而信，使民利之，罰莫如重而必，使民畏之，法莫如一而固，使民知之，故主施賞不遷，行誅無赦，譽輔其賞，毀隨其罰，賢不肖俱盡其力，此其所長也。若夫不別親疏，不殊貴賤，一

斷於法，則親親尊尊之恩絕矣。

至其言法先王爲守株待兎特別提出時間問題，世之亂由於人口過剩，生產不敷消費，特別提出人口問題，先王供養簿，以有天下爲苦，故輕以天下與人，特別提出享樂問題，凶歲之春，幼弟不饟，穰歲之之秋，疏客必食，特別提出需要問題，皆獨具隻眼雖百家不能易也。

夫韓非言法治，已如上述，然曷云乎歸本黃老！曰游心於浩然，玩志乎衆妙，道家之學也，嚴誅殺之律，守繩墨之科者，法家之說也，一主寬大，一較鉏錐，二者似不相謀。然道家尙無爲，法家亦尙無爲，主張竟若合符節，蓋道家超然物外，行不言之教，使萬物各得其所，法家勤勤於文吏，執刀筆以待天下之士，而民亦相安無事，二者非主張不同，學說不同，實手段有先後，目的有遲早也。夫爲無爲，使天地萬物獨立而不變，周行而不殆，一聽自然，不待人力而自安者，固治術之上然也，道家主此，故其說以絕聖棄智，絕仁棄義爲極軌，使民無知無欲，復結繩之政，民至老死不相往來，此澈底之無爲主義，即純一之個人主義，無所謂社會，無所謂國家，舉凡一切人我之分辨，地方政府之關係，士農工賈之組織，皆無有也。法家則不然，有嚴密之人我分辨，有親切之地方政府關係，有大規模之士農工賈組織，樹之法令，以昌功過，限之刑罰，以警來尤，罪一等者，刑一等，罪二等者，刑二等，吏之舉令，敬於師長，民之承敬，重於神寶，故法立而不用，刑設而不行，名正法備，天下自無爲而治，玩斯二者，道家以無爲爲起點，法家以無爲爲終極，道家無爲而無不爲，法家無不爲而無爲，此二者非主張不同，學說不同，實手段有先後，目的有遲早，皆務爲治者也。

漢書藝文志載法十家，二百一十七篇，其目如左：

李子，三十二篇。（名悝，相魏文侯，富國强兵。）

商君，二十九篇。（名鞅，姬姓，衞後也，相秦孝公。有列傳。）

申子，六篇名不害。京人。相韓昭侯。終其身，諸侯不敢侵韓。）

處子，九篇。

愼子，四十二篇。（名到，先申韓，申韓稱之。）

韓子、五十五篇。（名非。韓諸公子。使秦，李斯害而殺之。）

游棣子，一篇。

鼂錯，三十一篇。

燕十事，十篇。（不知作者。）

法家言，二篇。（不知作者。）

（庚）從衡家

韓子曰：從者合衆弱以攻一强也。衡者事一强以攻衆弱也（見五蠹篇）漢志從橫家權事制宜，受命而不受辭，是其所長，及邪人爲之，則上詐諼而棄其信，是也。從橫家世盛稱張儀蘇秦。

（一）張儀

張儀者魏人也。始嘗與蘇秦，俱事鬼谷先生學術。蘇秦自以不及張儀張儀已學，而游說諸侯，嘗從楚相飲，已而楚相亡璧。門下意張儀，曰：儀貧無行，必此盜相君之璧。共執張儀，掠笞數百。不服。釋之。其妻曰：「嘻，子毋讀書游說，安得此辱乎？」張儀謂其妻曰，「視吾舌尙在否？」其妻笑曰，「舌在也。」儀曰「足矣」。蘇秦已說趙王而得相約從親：然恐秦之攻諸侯，敗約後負念，莫可使用於秦者。乃使人微感張儀曰，「子始與蘇秦善，今秦已當路，子何不往遊，以求通子之願？」張儀於是之趙，上謁求見蘇秦，蘇秦乃誡門下人不爲通，又使不得去者數日。已而見之，坐之堂下，賜僕妾之食，因而數讓之曰，「以子之才能，乃自令困辱至此，吾寧不能言而富貴子，子不足收也」，謝去之。張儀之來也，自以爲故人求益，反見辱怒，念諸侯莫可事，獨秦能苦趙，乃遂入秦，蘇秦已而告其舍人曰：「張儀天下賢士，吾殆弗如也，今吾幸先用，而能用秦柄者，獨張儀可耳，然貧無因以進，吾恐其樂小利而不遂，故召辱之以激其意，子爲我陰奉之」，乃言趙王發金帛車馬，使人微隨張儀與同宿舍，稍稍近就之，奉以車馬金錢，所欲用爲取給而弗告，張儀遂得以見秦惠王，惠王以爲客卿，與謀伐諸侯。，蘇秦之舍人乃辭去。張儀曰，「賴子得顯，方且報德，何故去也？」舍人曰：「臣非知君，知君乃蘇君，蘇君憂秦伐趙敗從約，以爲非君不能得秦柄，故感怒君，使臣陰奉給君資，盡蘇君之計謀，今君已用，請歸報。」張儀曰，「嗟乎此吾在術中而不悟，吾不及蘇君明矣，吾又新用，安能謀趙？爲吾謝蘇君，蘇君之時，儀何敢言？且蘇君在，儀寗渠能乎。」張儀既相秦，爲文檄告楚相曰，始吾從若飲，我不盜而璧，若笞我，善守汝國，我顧且盜而城。

戰國策

（二）秦蘇

蘇秦始將連横，說秦惠王曰。「大王之國，西有巴蜀漢中之利，北有胡貉代馬之用，南有巫山黔中之限，東有殽函之固，田肥美，民殷富，戰車萬乘，奮擊百萬，沃野千里，蓄積饒多，地勢形便，此所謂天府，天下之雄國也。以大王之賢，士民之衆，車騎之用，兵法之教，可以併諸侯，吞天下，稱帝而治，願大王少留意，臣請奏其效。」

秦王曰：「寡人聞之，毛羽不豐者，不可以高飛；文章不成者，不可以誅罰；道德不厚者，不可以使民；政教不順者，不可以煩大臣；今先生儼然不遠千里而庭教之，願以異日。」

蘇秦曰：「臣固疑大王之不能用也，昔者神農伐補遂，黃帝伐涿鹿而禽蚩尤，堯伐驩兜，舜伐三苗，禹伐共工，湯伐有夏，文王伐崇，武王伐紂，齊桓任戰而霸天下：由此觀之，惡有不戰者乎？古者使車轂擊馳，言語相結，天下爲一，約縱連橫，兵革不藏，文士並飭，諸侯亂惑，萬端俱起，不可勝理；科條既備，民多僞態，書策稠濁，百姓不足，上下相愁，民無所聊，明言章理，兵甲愈起，辨言偉服；戰攻不息，繁稱文辭，天下不治，舌敝耳聾，不見成功，行義約信，天下不親，於是乃廢文任武，厚養死士，綴甲厲兵，効勝於戰場，夫徒處而致利，安坐而廣地，雖古五帝三王五霸，明主賢君，常欲坐而致之，其勢不能，故以戰續之，寬則兩軍相攻，迫則杖戟相撞，然後可建大功，是故兵勝於外，義强於內，威立於上，民服於下，今欲幷天下，凌萬乘，詘强國，制海內，子元元，臣諸侯，非兵不可。今之嗣主，忽於至道，皆惛於教，亂於治，迷於言，惑於語，沈於辯，溺於辭，以此論之，王固不能行也。說秦王書，十上而說不行，黑貂之裘敝，黃金百斤盡，資用乏絕，去秦而歸，羸縢履蹻，負書擔囊，形容枯槁，面色黧黑，狀有愧色，歸至家，妻不下紝，嫂不爲炊，父母不與言，蘇秦喟然嘆曰：「妻不以我爲夫，嫂不以我爲叔，父母不以我爲子，是皆秦之罪也！」乃夜發書，陳篋數十，得太公陰符之謀，伏而誦之，簡練以爲揣摩，讀書欲睡，引錐自刺其股，血流至足，曰「安有說人主，不能出其金玉錦繡，取卿相之尊者乎？」期年，揣摩成。曰：此「眞可以說當世之君矣！」於是乃摩燕烏集闕，見趙王於華屋之下，抵掌而談。趙王大悅，封爲武安君，受相印，革車百乘，錦繡千純，白璧百雙，黃金萬鎰，以隨其後，約從散橫，以抑強秦，故蘇秦相於趙而關不通。當此之時，天下之大，萬民之衆，王侯之威，謀臣之權，皆欲決於蘇秦之策，不費斗糧，未煩一兵，未戰一士，未絕一弦，未折一矢，諸侯相親，賢於兄弟，夫賢人在，而天下服；一人用，而天下從，故曰式於政，不式於勇，式於廊廟之內，不式於四境之外。

當秦之隆，黃金萬鎰爲用，轉轂連騎炫橫於道，山東之國從風而服，使趙大重。且夫蘇秦特窮巷掘門桑戶棬樞之士耳，伏軾撙銜，橫歷天下，庭說諸侯之主，杜左右之口，天下莫之伉，將說楚王，道過洛陽，父母聞之，淸宮除道，張樂設飲，郊迎三十里，妻側目而視，傾耳而聽，嫂蛇行匍伏，四拜自跪而謝。蘇秦曰：「嫂何前倨而後卑也，」嫂曰「以季子位尊而多金。」蘇秦曰：「嗟乎，貧窮則父母不子，富貴則親戚畏懼，人生世上勢位富厚，蓋可以忽乎哉。」戰國策

夫張儀受僕隸之辱而相強秦，蘇秦掉三寸舌佩六國相印，可謂極人臣之尊顯矣。若論從衡之術，蘇張殆不若子貢，史記，仲尼弟子列

傳云：『田常欲作亂於齊，憚高國鮑晏，故移其兵欲以伐魯。孔子聞之，謂門弟子曰，「夫魯，墳墓所處，父母之國，國危如此，二三子何爲莫出？」子路請出。孔子止之。子張子石請行，孔子弗許。子貢請行，孔子許之。遂行，至齊，說田常曰，「君之伐魯過矣。夫魯，難伐之國。其城薄以卑，其地狹以泄，其君愚而不仁，大臣僞而無用，其士民又惡甲兵之事。此不可與戰。君不如伐吳。夫吳，城高以厚，地廣以深，甲堅以新，士選以飽，重器精兵，盡在其中。又使明大夫守之，此易伐也。」

田常忿然作色曰，「子之所難，人之所易，子之所易，人之所難。而以教常，何也？」子貢曰，「臣聞之，憂在內者攻疆，憂在外者攻弱。今君憂在內。吾聞君三封而三不成者，大臣有不聽者也。今君破魯以廣齊，戰勝以驕主，破國以尊臣，而君之功不與焉。則交日疏於主。是君上驕主心，下恣羣臣。求以成大事，難矣。夫上驕則恣，臣驕則爭。是君上與主有卻，下與大臣交爭也。如此，則君之立於齊危矣。故曰不如伐吳。伐吳不勝，民人外死，大臣內空。是君上無疆臣之敵，下無民人之過，孤主制齊者，唯君也。」田常曰，「善。雖然，吾兵業已加魯矣。去而之吳，大臣疑我。奈何？」子貢曰，「君按兵無伐。臣請往使吳王，令之救魯而伐齊。君因以兵迎之。」

田常許之，使子貢南見吳王，說曰「臣聞之，王者不絕世，霸者無疆敵，千鈞之重，加銖兩而移。今以萬乘之齊，而私千乘之魯，與吳爭疆，竊爲王危之。且夫救魯，顯名也，伐齊，大利也，以撫泗上諸侯，誅暴齊以服彊晉，利莫大焉。名存亡魯，實困彊齊，智者不疑也。

吳王曰「善，雖然，吾嘗與越戰，棲之會稽。越王苦身養士，有報我心。子待我伐越而聽子。」

子貢曰，「越之勁不過魯，吳之疆不過齊。王置齊而伐越，則齊已平魯矣。且王方以存亡繼絕爲名。夫伐小越而畏彊齊，非勇也。夫勇者不避難，仁者不窮約，智者不失時，王者不絕世以立其義。今存越，示諸侯以仁，救魯伐齊，威加晉國。諸侯必相率而朝吳，霸業成矣。且王必惡越，臣請東見越王，令出兵以從，此實空越，名從諸侯以伐之。」

吳王大說。乃使子貢之越。越王除道郊迎，身御至舍而問曰，「

此蠻夷之國，大夫何以儼然辱而臨之。」子貢曰，「今者吾說吳王以救魯伐齊，其志欲之而畏越。曰「待我伐越，乃可。」如此，破越必矣。且夫無報人之志而令人疑之，拙也。有報人之志，使人知之，殆也。事未發而先聞，危也：三者舉事之大患。」

勾踐頓首再拜曰，「孤嘗不料力，乃與吳戰，困難會稽。痛入於骨髓，日夜焦唇乾舌，徒欲與吳王接踵而死，孤之願也。』遂問子貢。子貢曰，「吳王爲人猛暴，羣臣不堪，國家敝於數戰，士卒弗忍，百姓怨上，大臣內變，子胥以諫死，太宰嚭用事，順君之過以安其私，是殘國之治也。今王誠發士卒佐之，以徼其志，重寶以說其心，卑辭以尊其禮，其伐齊必也。彼戰不勝，王之福矣。戰勝，必以兵臨晉，臣請北見晉君，令其攻之，弱吳必矣。其銳兵盡於齊，重甲困於晉，而王制其敝，此滅吳必矣。「越王大說，許諾。送子貢金百鎰，劍一，良矛二。子貢不受。遂行。

報吳王曰，臣敬以大王之言告越王，越王大恐。曰，「孤不幸，少失先人。內不自量，抵罪於吳，軍敗身辱，棲于會稽，國爲虛莽。賴大王之賜，使得奉俎豆而脩祭祀，死不敢忘，何謀之敢慮。」

後五日，越使大夫種頓首言於吳王曰，「東海役臣孤勾踐使者臣種，敢修下吏問於左右。今竊聞大王將興大義，誅彊救弱，因暴齊而撫周室，請悉起境內士卒三千人，孤請自被堅執銳以先受矢石。因越賤臣種，奉先人藏器，甲二十領，鈇，屈盧之矛，步光之劍以賀軍吏。」

吳王大說。以告子貢，曰，「越王欲身從寡人伐齊，可乎。」

子貢曰，「不可。夫空人之國，悉人之衆，又從其君，不義。君受其幣，許其師，而辭其君。」吳王許諾。」乃謝越王，於是吳王乃遂發九郡兵伐齊。子貢因去之晉。

謂晉君曰，「臣聞之，慮不先定，不可以應卒，兵不先辨，不可以勝敵。今夫齊與吳將戰。彼戰而不勝，越亂之必矣。與齊戰而勝，必以其兵臨晉。」晉君大恐，曰，「爲之奈何？」

子貢曰，「脩兵休卒以待之。」晉君許諾。

子貢去而之魯。吳王果與齊人戰艾陵，大破齊師，獲七將軍之兵而不歸，果以兵臨晉，與晉人相遇黃池之上。吳晉爭彊，晉人擊之，大敗吳師。越王聞之，涉江襲吳，去城七里而軍。吳王聞之，去晉而歸，與越戰於五湖，三戰不勝，城門不守，越遂圍王宮，殺夫差而戮其相。破吳三年，東向而霸。故子貢一出，存魯，亂齊，破吳，疆晉，而霸越。子貢一使，使勢相破，十年之中，五國各有變。』其利口以視蘇張爲何如耶？

漢書藝文志載從横十二家，百七篇：

蘇子，三十一篇。（名秦。有列傳。）

張子，十篇。（名儀。有列傳。）

龐煖，二篇。（爲燕將。）

闕子，一篇。

國筮子，十七篇。

秦零陵令信，一篇。（難秦相李斯。）

蒯子，五篇。（名通。）

鄒陽，七篇。

主父偃，二十八篇。

徐樂，一篇。

莊安，一篇。

待詔金馬聊蒼，三篇。（趙人。武帝時。）

（辛）雜家

雜家兼儒墨，合名法，觀天地之象，通古今之事，推事而立制，度形而施宜，是其所長也，及蕩者爲之，則漫羨而無所歸心，是其所短也。（漢志）

雜家書如呂氏春秋，尙多可信，茲錄其「察微」「去私」二節，亦可見雜家學說之一斑。

（1）蔡微

楚之邊邑曰卑梁，其處女與吳之邊邑處女桑於境上，戲而傷卑梁之處女，卑梁人操其傷子以讓吳人，吳人應之不恭，怒殺而去，吳人往報之，盡屠其家，卑梁公怒曰吳人焉敢攻吾邑？舉兵反攻之，老弱盡殺之矣。吳王夷昧聞之怒，使人舉兵侵楚之邊邑，克夷而後去之。吳楚以此大隆。吳公子光又率師與楚人戰於雞父，大敗楚人獲其帥潘子臣小帷子陳夏齧又反伐郢，得荊平王之夫人以歸，實爲雞父之戰。

鄭公子歸生率師伐宋，宋華元率師應之大棘，羊斟御，明日將戰，華元殺羊饗士，羊斟不與焉。

明日戰，怒謂華元曰：昨日之事子爲制，今日之事，我爲制，遂驅入於鄭師，宋師敗績，華元虜。

夫弩機差以米則不發，戰大機也，饗士即忘其御也，將以此敗而爲虜，豈不宜哉？

（2）去私

天無私覆也，地無私載也，日月無私燭也，四時無私行也，行其德，而萬物得遂長焉。黃帝言曰，聲禁重，色禁重，衣禁重，香禁重，味禁重，室禁重　堯有子十人，不與其子，而授舜，舜有子九人，不與其子，而授禹，至公也。晉平公問於祁黃羊曰，「南陽無令，其誰可而爲之？』祁黃羊對曰，「解狐可」。平公曰，「解非子之讎邪？」對曰，「君問可，非問臣之讎也」。平公曰，「善，」遂用之，國人稱善焉。居有間，平公又問祁黃羊曰，「國無尉，其誰可爲之？」對曰，「午可」平公曰，午非子之子祁」？對曰，君問可，非問臣之子也，平公曰善，又遂用之，國人稱焉。孔子聞之曰，善哉！祁黃羊之論也，外舉不避讎，內舉不避子，祁黃羊可謂公矣。

觀此可知雜家整齊雜語，羅列記載，其學無所不包矣。

漢書藝文志諸子載雜二十家，四百三篇，入兵法。其目如左。

孔甲盤盂，二十六篇。（黃帝之史。或曰，夏帝孔甲，似皆非。）

大命，三十七篇。（傳言禹所作，其文似後世語。）

伍子胥，八篇。（名員。春秋世爲吳將，忠直，遇讒死。）

子晚子，三十五篇。（齊人，好議兵，與司馬法相似。）

由余，三篇。（戎人，秦穆公聘以爲大夫。）

尉繚子，二十九篇。（六國時。）

尸子，二十篇。（名佼，魯人。秦相商君師之。鞅死，佼逃入蜀。）

呂氏春秋，二十六篇。（秦相呂不韋輯智略士作。）

淮南內，二十一篇。（王安。）

淮南外，三十三篇。

東方朔，二十篇。

伯象先生，一篇。

荊軻論，五篇。（軻爲燕刺秦王，不成而死，司馬相如等論之。）

吳子，一篇。

公孫尼，一篇。

博士臣賢對，一篇。（漢世，難韓子商君。）

臣說，三篇。（武帝時所作。）

解子簿書，三十五篇。

推雜書，八十七篇。

雜家言，一篇。（王伯。不知作者。）

（壬）農家

農家，以勞力爲本，列寧所謂「不工作！不應該吃麪包」者同一旨趣也。播百穀，勸耕桑，以足衣食，無所事聖王，君臣並耕而食。夫君與民同其衣食，共其居處，將無此尊彼卑，此貴彼賤之等。如是則社會之階級鬥爭，不止自滅，爭權奪利求廣地盤之念，不止自息。生生之道厚，天下自無爲而治矣。儒家富於封建思想，大不以農者之說爲然，故當時儒農之爭甚烈，儒主勞心，農主勞力，觀孟子許行章所載亦足窺見農家學說之一斑矣。許行章曰：

有爲神農之言者許行，自楚之滕，踵門而告文公曰，「遠方之人，聞君行仁政，願受一廛而爲氓。」文公與之處。其徒數十人，皆衣褐，捆屨，織席以爲食。陳良之徒陳相與其弟辛負耒耜，而自宋之滕，曰，「聞君行聖人之政，是亦聖人也：願爲聖人氓。」

陳相見許行而大悅，盡棄其學而學焉。

陳相見孟子道許行之言曰，「滕君則誠賢君也！雖然，未聞道也，賢者，與民並耕而食，饔飧而治；今也，滕有倉廩府庫，則是厲民而以自養也。惡得賢！」

孟子曰，「許子必種粟而後食乎？」

曰，「然。」

「許子必織布然後衣乎？」

曰，「否，許子衣褐。」

「許子冠乎？」

曰，「冠。」

曰，「奚冠？」

曰，「冠素。」

曰，「自織之與？」

曰，「否，以粟易之。」

曰，「許子奚爲不自織？」

曰，「害於耕。」

曰，「許子以釜甑爨，以鐵耕乎？」

曰，「然。」

「自爲之與？」

曰，「否，以粟易之。」

「以粟易械器者，不爲厲陶冶；陶冶亦以械器易粟者，豈爲厲農夫哉？且許子何不爲陶冶，舍皆取諸其宮而用之，何爲紛紛然與百工交易？何許子之不憚煩？」

曰，「百工之事，固不可耕且爲也。」

「然則治天下獨可耕且爲與？有大人之事，有小人之事。且一人之身，而百工之所爲備，如必自爲而後用之，是率天下而路也。故曰，或勞心，或勞力，勞心者治人，勞力者治於人。治於人者食人，治人者食於人。天下之通義也。

當堯之時，天下猶未平，洪水橫流，汎濫於天下；草木暢茂，禽獸繁殖，五穀不登，禽獸偪人，獸蹄鳥迹之道交於中國。堯獨憂之，舉舜而敷治焉，舜使益掌火，益烈山澤而焚之，禽獸逃匿。禹疏九河，瀹濟，漯，而注諸海；决汝，漢，排淮，泗，而注之江；然後中國可得而食也。當是時也，禹八年於外，三過其門而不入，雖欲耕得乎！

后稷教民稼穡，樹藝五穀，五穀熟而民人育。人之有道也，飽食，煖衣，逸居而無教，則近於禽獸。聖人有憂之：使契爲「司徒，」教以人倫：父子有親，君臣有義，夫婦有別，長幼有叙，朋友有信。放勳曰，「勞之，來之，匡之，直之，輔之，翼之，使自得之，又從而振德之。」聖人之憂民如此，而暇耕乎！

堯以不得舜爲己憂；舜以不得禹皐陶爲己憂。夫以百畝之不易爲己憂者，農夫也。分人以財，謂之惠；教人以善，謂之忠；爲天下得人者，謂之仁。是故以天下與人易，爲天下得人難，孔子曰，『大哉堯之爲君！惟天爲大，惟堯則之。蕩蕩乎民無能名焉。君哉舜也！巍巍巍乎有天下而不與焉。』堯舜之治天下，豈無所用其心哉？亦不用於耕耳。

吾聞用夏變夷者，未聞變於夷者也。陳良，楚產也；悅周公仲尼之道，北學於中國，北方之學者，未能或之先也，彼所謂豪傑之士也。子之兄弟事之數十年，師死，而遂倍之。

昔者孔子沒。三年之外，門人治任將歸，入揖於子貢，相嚮而哭，皆失聲，然後歸。子貢反，築室於場，獨居三年，然後歸。他日子夏，子張，子游，以有若似聖人，欲以所事孔子事之。强曾子。曾子曰，「不可，，江漢以濯之，秋陽以暴之，皜皜乎不可尙已！」

今也，南蠻鴃舌之人，非先王之道。子倍子之師而學之，亦異於曾子矣。吾聞出於幽谷遷於喬木者，未聞下喬木而入於幽谷者，魯頌曰，「戎狄是膺，荆舒是懲，」周公方且膺之。子是之學。亦爲不善變矣。」

「從許子之道，則市賈不貳，國中無僞，雖使五尺之童適市，莫之或欺。布帛長短同，則賈相若；麻縷絲絮輕重同，則賈相若；五穀多寡同，則賈相若；屨大小同，則賈相若。」

曰，「夫物之不齊，物之情也。或相倍蓰，或相什百，或相千萬，子比而同之，是亂天下也。巨屨小屨同賈，人豈爲之哉，從許子之道，相率而爲僞者也。惡能治國家！」

漢書藝文志載農，九家，百一十四篇

神農，二十篇。（六國時諸子。疾時怠於農業，道耕農事，託之神農。）

野老，十七篇。（六國時。在齊楚間。）

宰氏，十七篇。（不知何世。）

董安國，十六篇。（漢代內史。不知何帝時。）

尹都尉，十四篇。（不知何世。）

趙氏，五篇。（不知何世。）

氾勝之，十八篇。（成帝時爲議郎。）

王氏，六篇。（不知何世。）

蔡癸，一篇。（宣帝時以言便宜。至弘農太守。）

（癸）小說家

小說家者流，漢書藝文志所謂：『街談巷語，道聽塗說者之所造也。』

在昔封建思想盛行之際，重史家言，而輕在野之小說家語，故廟堂之作者，世莫不知其名，而民間作家索多名湮沒而不昌，孔子曰，「雖小道必有可觀焉，致遠恐泥，是以君子不爲也。」。然所謂小道亦足以見當時學者對於小說之心理矣。若論諸子之學影響於後世最大者，亦莫有甚於小說家，所謂狂夫芻蕘之議是也。

若夫莊生寓言，孔子載「書」，孟子述「傳」，墨子之言「今有一人」，韓子之言「有人於此」與夫儒墨之道先王堯舜，何一非寄託之語，故若就廣義言之，諸子傳記將無一非小說家言，即極端哲理化之書如論語，其微子第十八，載長沮桀溺節，亦係一篇有始有終之短篇小說，韻文中如詩經，其豳風七月亦係一篇描寫農村生活之短篇小說詩，其他如尚書三傳國語國策呂氏春秋諸書幾無不與小說接近，祇以俗儒拘於小見，以為小知者之所及，故無人表而出之耳。

漢書藝文志載小說十五家，一千三百八十篇

伊尹說、二十七篇。（其語淺薄、似依託也。）

鬻子說、十九篇。（後世所加。）

周考、七十六篇。（考周是也。）

青史子、五十七篇。（古史官記事也。）

師曠、六篇。（見春秋。其言淺薄、本與此同、似因託也。）

務成子、十一篇。（稱堯問。非古語。）

宋子、十八篇。（孫卿道宋子、其言黃老意。）

天乙、三篇。（天乙、謂湯。其言非殷時、皆依託也。）

黃帝說、四十篇。（迂誕、依託。）

封禪方說、十八篇。（武帝時。）

待詔臣饒心術、二十五篇。（武帝時。）

待詔臣安成未央術、一篇。

臣壽周紀，七篇。（項國圉人。宣帝時。）

虞初周說、（九百四十三篇。河南人。武帝時，以方士侍郎，號黃車使者。）

百家，百三十九篇。

凡諸子十家，其可觀者，五家，道儒墨名法是已。皆起於王道既微，諸侯力政，時君世主好惡殊方，是以五家之術，蠭出並作，各引一端，崇其所善，以此馳說，取合諸侯。其言雖殊，辟猶水火相滅，亦相生也。仁之與義，敬之與和，相反而皆相成也。易曰「天下同歸而殊塗，一致而百慮。」今異家者，各推所長，窮知究慮，以明其指。雖有蔽短，合其要，皆各還其本來面目而已。

其前後序次，則依淮南子論諸子學之所由生，先道，後儒。漢書藝文志所載諸子出於王官，說不可信，故不從。惟淮南書僅述道儒墨法從橫五家，故又依司馬談論六家要旨次陰陽於儒之先，儒以下接墨，淮南司馬並同，故序墨在儒後。名家不見於淮南書，古蓋以名爲墨之支流，故序名於墨之後。法在墨之後，淮南司馬並同，故次法於名之後。名後淮南有從橫一家，司馬不論，故列從橫於法之後，其餘四家只見漢書藝文志，故序次亦本漢志，此本篇論十家之前後序次也。司馬談曰：『儒者博而寡要，勞而少功，是以其事難盡從。然其序君臣父子之禮，列夫婦長幼之別，不可易也。

墨者，儉而難遵，是以其事不可偏循，然其彊本節用不可廢也。法家，嚴而少恩，然其正君臣上下之分不可改矣。名家使人儉而善失眞，然其正名實，不可不察也。道家使人精神專一，動合無形，贍足萬物。其爲術也，因陰陽之大順，采儒墨之善，撮名法之要，與時遷移，應物變化。立俗施事，無所不宜，指約而易操，事少而功多，儒者則不然，以爲人主，天下儀表也，主倡而臣和，主先而臣隨，如此則主勞而臣逸，至於大道之要，去健羨，絀聰明，釋知而任術，夫神大用則竭，形大勞則敝，形神騷動，欲與天地長久，非所聞也。』可謂知言矣。

(三)兩漢

周代諸子百家異說紛紜，至漢獨崇儒學，其故有由然矣。蓋周自驪山一役，棄岐雍千里之封，東都一遷，失懷柔百神之舊，至春秋而人嗟鮮飽！憂亂者視「匪風」「下泉」而更悲，至戰國而人苦倒懸，撫時者較「菀柳」「苕華」而更憤，東西二周徒擁虛器，諸侯各立門戶，以爭相雄長，以多得士，謀敵國爲賢，故學者捍電光之舌，馳波濤之辯，只須持之有故，言之成理，世主必尊禮之，蓋天子之尊徒爲守鼎之主，生王之頭不若死士之壠矣。至秦一統天下，乃下焚書坑儒之令，有文學詩書百家語者蠲除去之，士風始頹然不振。至漢，漢高祖知以馬上得天下，不可以馬上治天下，於是參儒墨名法道德之旨，墨家主兼愛，不別尊卑，名家辨同異，不明貴賤，法家嚴而寡恩，道家根本無政府，惟儒家，嚴尊卑之分，辨貴賤之等，以爲人主天下儀表也，主倡而臣和，主先而臣隨，故入關之初，先以太牢祀孔子。雖分羹擁篳非孝，追羽固陵非信，欲易太子非慈，僞遊雲夢非誠，封三庶孽非制，俎醢功臣非仁，輕士慢罵非禮，被圍白登非智，然尊儒重道之僞，已足淘醉名場，使天下士引領嚮風矣。厥後武帝首策賢良方正於大庭，而得大儒董仲舒爲之首，於是罷黜申韓蘇張之說，憲章六學，孝元初立，徵用儒生委之以政，光武中興，投戈講藝，息馬論道，明章之際，尊禮三老五更，立「白虎觀」以議五經同異，儒學之盛，豈無故耶？總西東兩漢大儒當推揚雄，其所著法言全仿論語，前乎揚雄，則有董子仲舒。

(1)董仲舒

董仲舒廣川人也。少治春秋，孝景時爲博士，下帷講誦，弟子傳以久次相授業，或莫見其面，蓋三年不窺園，其精如此。進退容止，非禮不行，學士皆師尊之。

武帝即位，舉賢良文學之士，前後百數，而仲舒以賢良對策焉。……對既畢。天子以仲舒爲江督相。事易王。易王帝兄，素驕好勇，仲舒以禮義匡正，王敬重焉。久之，王問仲舒曰，越王句踐與大夫泄庸種蠡謀伐吳，遂滅之，孔子稱殷有三仁，寡人亦以爲越有三仁，桓公決疑於管仲，寡人決疑於君。

仲舒對曰，臣愚不足以奉大對，聞昔者魯君問柳下惠吾欲伐齊何如？柳下惠曰，「不可，」歸而有憂色。曰，「吾聞伐國不問仁人，此何爲至於我哉？徒見問耳，且猶羞之，況設詐以伐吳乎？」繇此言之，粵本無一仁。夫仁人者，正其誼，不謀其利，明其道，不計其功。是以仲尼之門，五尺之童，羞稱五伯，爲其先詐力而後仁誼也。苟爲詐而已，故不足稱於大君子之門也。五伯比於他諸侯爲賢，其比三王，猶武夫之與美玉也。

王曰，善。

仲舒治國以春秋災異之變。推陰陽所以錯行，故求雨，閉諸陽縱諸陰，其止雨反是，行之一國，未嘗不得所欲。中廢爲中大夫。

先是遼東高廟長陵高園殿災，仲舒居家推說其意，草藁未上，主父偃侯仲舒，私見，嫉之，竊其書而奏焉。上召視諸儒。仲舒弟子呂步以不知其師書，目爲大愚。於是下仲舒吏，當死，詔赦之，仲舒遂不敢復言災異。

仲舒爲人廉直。是時方外攘四夷，公孫弘治春秋，不如仲舒而私希世用事，位至公卿。仲舒目弘爲從諛，私嫉之。弘迺言於上曰，「獨董仲舒可使相膠西王。」膠西王亦上兄也，尤縱恣數害吏二千石。

膠西王聞仲舒大儒，善待之。仲舒恐久獲病免。凡相兩國，輒事驕王，正身目率下，數上疏諫爭，敎令國中。所居而治，及去位歸居。終不問家產業，目修學著書爲務。

仲舒在家，朝廷如有大議，使使者及廷尉張湯就其家而問之，其對皆有明法。

自武帝初立，魏其武安侯爲相，而隆儒矣。及仲舒對册，推明孔氏，抑黜百家，立學校之官，州郡舉茂材孝廉皆自仲舒發之。

年老目壽終於家，

家從茂陵，子及孫皆以學至大官。

仲舒所著，皆明經術之意。及上疏條教，凡百二十三篇。而說春秋事得失，聞舉玉杯蕃露清明竹林之屬，復數十篇。十萬餘言。皆傳於後世云。（參攷班固前漢書）

（2）楊雄

初雄年四十餘，自蜀來至遊京師，大司馬車騎將軍王音奇其文雅，召以爲門下史，薦雄，待詔，歲餘，奏羽獵賦，除爲郎，給事黃門，與王莽劉歆並，哀帝之初又與董賢同官，當成哀平間，莽賢皆爲三公，權傾人主，所薦莫不拔擢，而雄三世不徙官，及莽篡位，談說之士用符命稱功德，獲封爵者甚衆，雄復不侯，目耆老久，次轉爲大夫，恬於勢利，迺如是，實好古而樂道，其意欲求文章成名於後世，以爲經莫大於易，故作太玄，傳莫大於論語，作法言，史篇莫善於倉頡，作訓纂，箴莫善於虞箴作州箴，賦莫深於離騷，反而廣之，辭莫麗於相如作四賦皆斟酌其本，相與依而馳騁云。

用心於內不求於外，於時人皆曶之，唯劉歆及范逡敬焉。而桓譚以爲絕倫，王莽時劉歆甄豐皆爲上公，莽既以符命自立，即位之後，欲絕其原，以神前事，而豐子尋，歆子棻復獻之，莽誅豐父子投棻四裔，辭所連及，便收不請。時雄校書天祿閣上，治獄使者，來欲收雄，雄恐不能自免，迺從閣上自投下，幾死，莽聞之曰，雄素不與事，何故在此，間請問其故，迺劉棻嘗從雄學作奇字，雄不知情，有詔勿問。然京師爲之語曰，惟寂寞自投閣，爰淸靜作符命。

雄目病免，復召爲大夫，家素貧，耆酒，人希至其門，時有好事者載酒肴從遊學，而鉅鹿侯芭常從雄居，受其太玄法言焉。劉歆亦嘗觀之謂雄曰，「空自苦，今學者有祿利然尚不能明易，又如玄何？吾恐後人用覆醬瓿也」。雄笑不應，年七十一，天鳳五年卒，侯芭爲起墳，喪之，三年，時大司空王邑，納言嚴尤聞雄死，謂桓譚曰，「子嘗稱揚雄書，豈能傳於後世乎」？譚曰「必傳，顧君與譚不及見也，凡人賤近而貴遠，親見揚子雲祿位容貌不動人，故輕其書，昔老聃著虛無之言兩篇，薄仁義，非禮樂，然後世尊之者尚以爲過於五經，自漢文景之君及司馬遷皆有是言，揚子之書文義至深，而論不詭於聖人，若使遭遇時君，更閱賢知爲所稱善，則必度越諸子矣，諸儒或譏以爲雄非聖人而作經，猶春秋吳楚之君僭號稱王，蓋誅絕之罪也」，自雄沒後四十餘年，其法言大行，而玄終不顯，篇籍具存。（節前漢書揚雄傳贊）

董楊二子外，言詩於魯則申培公，於齊則轅固生，於燕則韓太傅，言尙書自濟南伏生，言禮自魯高堂生，言易自菑川田生，言春秋自齊魯胡毋生。

至東漢則有鄭康成班固何劭公許愼皆修明儒學有聲當時。

儒家之外道法二家亦爲世主所推崇，如孝文帝好刑名之言，竇太后好黃老之術，武帝好儒術又好言神仙，明帝求書天竺，皆予士夫以絕大影響，故西漢有晁錯之法家，然不旋轉身被顯戮，惟東漢之雜家王充，半道家仲長統，名聲獨存，茲先述

（1）王充

王充者會稽上虞人也。字仲任。其先以農爲業，充六歲敎書恭愿仁順，禮敬具備，矜莊寂寥，有巨人之志，父未嘗笞，母未嘗非，閭

里未嘗讓，才高而不尙苟作，口辯而不好談對，非其人，終日不言。不好徼名於世不爲利害見將，常言人長，希言人短，貧無一畝之庇身，志佚於王公，賤無斗石之秩，意若食萬鍾，處逸樂而樂不放，居貧苦而志不倦。

充，升擢在位之時，衆言蟻附，廢退窮居，舊故叛去，忘俗人之寡恩，故閑居作譏俗節義十二篇，又閔人君之政，徒欲治人，不曉其務，愁精苦思，不睹所趨，故作政務之書，又復僞書俗文，多不實誠，故爲論衡之書。其生平著作享盛名者當推論衡，書凡八十六篇，選衆流百家之言，可謂博矣。然陳義雜迂腐之談，舉事多渺茫之論，不能不謂非白璧遺瑕也。今叙其長，而並論其短，非好吹毛求疵，苛論賢者，蓋其長處盡人皆知，其短處容有爲世所未曾道及者，偶舉一二將以發其凡焉。

（一）氣壽篇：「文王謂武王曰我百爾九十，吾爾三焉，文王九十七而薨。武王九十三而崩。」

文王竟有未卜先知之智，自由讓與壽命之權，此不必問周書古史之傳說記載如何，而可斷言其必無之事也。

（二）無形篇：「人受正氣，故體不變，時或男化爲女，女化爲男。」

夫以原則上之人體不變律，而亦有男化女，女化男之例外，其待証應如何詳密，而王子則並未之道明，細玩其文，不啻不變之人，而能化，此論理之大謬不然也。

不獨此也，至如謂『舜火不能燔，土不能掩』『東明以弓擊水，魚鼈浮爲橋。』」『桓公射鉤不中，確有神靈。』」『皇考爲濟陽令，無火而室自明。』」凡茲天人神怪光顯之驗，明者不欲語，智者所不屑言也，王子皆一一記之，宛若世間眞有其事者，是匪獨貽食古失檢之譏，其過直等於妖言惑衆耳。之棠十四齡時，師命題云：「子貢事孔子三年自知不如孔子」，當時之棠直駁王充之謬，蓋子貢旣願學孔子，而又曰吾勝孔子，吾與孔子等，子貢雖下愚亦不如此矛盾，今得論衡讀之，而後知王子之謬尙不僅此也。雖然王子固博聞强記者流，其理想之高，時亦有出諸子之右者，觀其聲光雲雷之說，在地心汲力未發明以前，固卓然一科學發明家也，而世不論，是又淺之乎讀王子論衡矣。

（2）仲長統

「仲長統字公理，山陽高平人也。少好學，博涉書記，贍於文辭，年二十餘，游學青徐幷冀之間，與交友者多異之。并州刺使高幹，袁紹甥也，素貴，有名，招致四方遊士，士多歸附，統過幹，幹善待遇，訪以當時之事，統謂幹曰，「君有雄志，而無雄才，好士而不能擇人，所以爲君深戒也。」幹雅自多，不納其言，統遂去之，無幾，幹以幷州叛，卒至於敗，并冀之士，皆以是異統。統性俶儻敢直言，不矜小節，默語無常，時人或謂之狂生，每州郡命召，輒稱疾不就，常以凡遊帝王者，欲以立身揚名耳，而名不常存，生生易滅，優遊偃仰，可以自娛，欲卜居淸曠以樂其志，論之曰：

使居有良田廣宅，背山臨流，溝池環市，竹木周布，塲圃築前，果園樹後，舟車足以代步涉之難，使令足以息四體之役，養親有兼珍之膳，妻孥無苦身之勞，良朋萃止，則陳酒肴以娛之。嘉時吉日，則烹羔豚以奉之，躑躅畦苑，遊戲平林，濯清水，追涼風，釣游鯉，弋高鴻，諷於舞雩之下，詠歸高堂之上，安神閨房，思老氏之玄虛，呼吸精和，求至人之彷彿，與達者數子，論道講書，俯仰二儀，錯綜人物，彈南風之雅操，發清商之妙曲，消遙一世之上，睥睨天地之間，不受當時之責，永保性命之期，如是則可以陵霄漢，出宇宙之外矣，豈羨夫入帝王之門哉？

又作詩二篇以見其志，

尚書令荀彧聞統名奇之，舉爲尚書郎，後參丞相曹操軍事，每論說古今及時俗行事，恒發憤歎息，因著論名曰昌言，凡三十四篇，十

餘萬言，獻帝遜位之歲，統卒，時年四十一」（范曄後漢書）

王充仲長統，所論雖恢宏：究不若董仲舒揚雄影響漢代學術之深，此外如司馬遷父子之作史記，劉歆父子之作七略，班固兄妹之作漢書，網羅舊聞，論其指歸，亦承平之盛事，不世之偉業也。

（三）蜀晉

漢末至於蜀，法家之說盛行，如諸葛亮孔明，皆以其學見諸行事，街亭一敗，立斬馬稷是已。至晉士夫談玄說理，禮法浸微，故漢蜀爲儒法二家盛行之世，晉則純乎道家之說，其原因有五：

（1）經學反動。漢儒治經，囿於詁訓章句，牽於五行災異，而引以應用於人事，積久而高明之士頗厭其拘迂。

（2）道德界信用之失。漢世以經明行修孝廉方正等科，選舉吏士，不免有行不副名者，而儒家所崇拜之堯舜周公，又迭經新莽魏文之假託，於是憤激者遂因而懷疑於歷史之事實。

（3）人生之危險。漢代外戚宦官更迭用事，方正之士，頻遭慘禍，而無救於危亡，由是兵亂相尋，賢愚貴賤均有朝不保夕之勢，於是維持社會之舊學說不免視爲贅旒。

（4）南方思想潛勢力之發展。漢武以後儒家言雖因緣政府之力，占學界統一之權，而以其略於宇宙論之故，高明之士無以自饜，故老莊哲學終潛流於思想界而不滅，及王充時，潛流已稍稍發展，至於魏晉則前之三因已達極點，思想家不能不援老莊方外之觀以自慰，而其流遂漫衍矣。

（5）佛教之輸入，當此思想界搖動之時，而印度之佛教適乘機而輸入，其於厭苦現世，超度彼界之觀念，尤爲持之有故，而言之成理，是大爲南方思想之助力，而清談家之人生觀出焉。

其主要原素—清談家之思想，非截然舍佛儒而合於道佛也。彼蓋滅裂而雜糅之，彼以道家之無爲主義爲本，而於佛教則僅取其厭世思想，於儒家留其階級思想。（階級思想者，原於上古時「百姓」「黎民」之分，孔孟則謂之「君子」「小人」，經秦而其蹟已泯，然人類不平等思想，遺傳而不滅，觀東晉以後之言門第可知也。及「有命論」（夏道尊命，其義歷商周而不滅，孔子雖號罕言命，而常有「有命，」「知命」，「俟命」之語，惟儒家言命，在使克盡義務而不爲境遇所移，漢世不遇之女則藕以寄其怨憤，至王充而改以合於道家之無爲主義，則請談家所本也。）有階級思想而道佛兩家之人類平等觀，佛儒兩家之利他主義，皆以爲不相容而去之，有厭世思想，則儒家之克己，道家之清靜，以至佛教之苦行，皆以爲徒自拘苦而去之，有命論及無爲主義，則儒家之積善，佛教之濟度，又以爲不相容而去之，於是其所餘之觀念，有等也，厭世也，有命而無可爲也遂集合而爲苟生之惟我論」如阮籍劉伶，畢卓之縱酒，王澄謝鯤等之以任放爲達，不以醉裸爲非，排聖智，放棄舊道德。然不爲惡，不自殺，不侵人，尙不失爲鄉黨自好之士。（參考蔡元培中國倫理學史）茲並次竹林諸賢之本傳於後：

（1）山濤

山濤字巨源，河內懷人也。父曜宛句令。濤早孤。居貧。少有器量，介然不羣。性好莊老，每隱身自晦，與稽康呂安善，後遇阮籍，便爲竹林之遊，著忘言之契。康後坐事，臨誅，謂子紹曰，「巨源在，汝不孤矣。」濤年四十，始爲郡主簿功曹上計掾，舉孝廉，與宣穆后有中表親，是以見景帝，帝曰，「呂望欲仕邪」？司命隸，與秀才，除郎中，轉驃騎將軍王昶，從事中郎，久之拜趙國相，遷尚書以母老辭職求退，表疏數十上，固讓。詔曰：「君年耆德茂，朝之碩老，是以授君台輔之位，而遠崇克讓，至于反覆，良用於邑，君當終始朝政，翼輔朕躬」。濤又表曰：「臣事天年三十餘年，卒無毫釐以崇大化。陛下私臣無已，猥授三司，臣聞德薄位高，力少任重，上有折足之凶，下有廟門之咎，願陛下垂累世之恩，乞臣骸骨。」詔曰：「君翼贊朝致，保護皇家，匡佐之勳，朕所倚賴，司徒之職，實掌邦教，故用敬授，以答羣望，豈宜沖讓以自指損邪？」

一

濤曰「垂沒之人，豈可污官府乎？」輿疾歸家，以太康四年薨，時年七十九。

初濤布衣家貧，謂婦韓氏曰：「忍饑寒，我後當作三公，但不知卿堪作夫人不耳」？及居榮貴，貞愼儉，雖爵同千乘，而無䏢媵，祿俸賜秩，散之親故。初陳郡袁毅，嘗爲鬲令，貪濁而賂遺公卿，以求虛譽，亦遺濤絲百斤，濤不欲異於時，受而藏於閣上，後毅事露，檻車送廷尉，凡所受賂，皆見推檢，濤乃取絲付吏，積年塵埃，印封如初，濤飲酒至八斗方醉，帝欲試之，乃以酒八斗飲濤，而密益其酒。濤極本量而止。參攷晉書及昭明文選

(2)阮籍

阮籍字嗣宗，陳留尉氏人也。父瑀魏丞相橡，知名於世。籍容貌

瓌傑，志氣宏放，傲然獨得，任性不羈，而喜怒不形於色。或閉戶讀書累月不出；或登臨山水，經日忘歸，博覽羣籍，尤好莊老，嗜酒能嘯，善彈琴，當其得意，忽忘形骸，時人多謂之癡，惟族兄文業每嘆服之，以爲勝己，由是咸共稱異。

籍嘗隨叔父至東郡，兗州刺史王昶請與相見，終日不開一言，自以不能測，太尉蔣濟聞其有儁才而辟之。籍詣都亭奏記曰：「伏惟明公以含一之德，據上台之位，英豪翹首，俊賢抗足，開府之日，人人自以爲掾屬，辟書始下，而下走爲首，昔子夏在於西河之上，而文侯擁篲，鄒子處於黍谷之陰，而昭王陪乘，夫布衣韋帶之士，孤居特立，王公大人所以禮下之者，爲道存也，今籍無鄒卜之道，而有其陋，猥見采擇，無以稱當，方將耕於東皋之陽，輸黍稷之餘稅，負薪疲病，足力不彊，補吏之召，非所克堪，乞迴謬恩，以光淸舉。」

初濟恐籍不至，得記欣然，遣卒迎之，而籍已去，濟大怒，於是鄉親共喻之，乃就吏，後謝病歸，復爲尙書郎。少時，又以病免。及曹爽輔政，召爲參軍，籍因以疾辭，屏於田里，歲餘而爽誅，時人服其遠識。

宣帝爲太傅，命籍爲從事中郎，及帝崩，復爲景帝大司馬從事中郎，高貴鄉公卽位，封關內侯，徙散騎常侍。籍本有濟世志，屬魏晉之際，天下多故，名士少有全者，籍由是不與世事，遂酣飮爲常，文帝初欲爲武帝求婚於籍，籍醉六十日不得言而止。

鍾會數以時事問之，欲因其可否，而致之罪，皆以酣醉獲免。

及文帝輔政，籍嘗從容言於帝曰，籍平生曾遊東平，樂其風土，帝大悅，即拜東平相，籍乘驢到郡，壞府舍屏障，使內外相望，法令清簡，旬日而還。

帝引爲大將軍從事中郎，有司言有子殺母者，籍曰嘻：「殺父乃可，至殺母乎？」坐者怪其失言。帝曰：「殺父，天下之極惡，而以爲可乎？」籍曰：「禽獸知母而不知父，殺父禽獸之類也；殺母禽獸之不若」。衆乃悅服。

籍聞步兵廚營人善釀，有貯酒三百斛，乃求爲步兵校尉，遺落世事，雖去佐職，恒遊府內，朝宴必與焉。

會帝讓九錫，公卿將勸進，使籍爲其辭，籍沉醉忘作，臨詣府，使取之，見籍方據案醉眠，使者以告，籍便書案使寫之，無所改竄，辭甚清壯，爲時所重。

籍雖不拘禮教，然發言玄遠，口不臧否人物。性至孝，母終，正與人圍棊，對者求止，籍留與決，賭旣，而飲酒二斗，舉聲一號，吐血數升，及將葬，食一蒸肫，飲二斗酒，然後臨訣，直言窮矣，舉聲一號，因又吐血數升，毀脊骨立，殆致滅性。裴楷往弔之，籍散髮箕踞，醉而直視，楷弔唁畢便去。或問楷：「凡弔者主哭，客乃爲禮，籍旣不哭，君何爲哭？」楷曰：「阮籍旣方外之士，故不崇禮典；我俗中之士，故以軌儀自居」。時人嘆爲兩得。

籍又能爲青白眼：見禮俗之士，以白眼對之，及嵇喜來弔。籍作白眼。喜不懌而退，喜弟康聞之，乃賫酒，挾琴造焉。籍大悅，乃見青眼。由是禮法之士，疾之若讎，而帝每保護之。

籍嫂嘗歸寧，籍相見與別。或譏之，籍曰：「禮豈爲我設邪」？

鄰家少婦有美色，當罏沽酒。籍嘗詣飲，醉便臥其側，籍旣不自嫌，其夫察之，亦不疑也。兵家女有才色，未嫁而死。籍不識其父兄，徑往哭之，盡哀而還。其外坦蕩，而內淳至，皆此類也。時率意獨駕，不由逕路，車迹所窮，輒慟哭而反。嘗登廣武觀楚漢戰處，歎曰：「時無英雄，使豎子成名」？登武牢山望京邑而歎，於是賦豪傑詩。景文四年冬卒，時年五十四。

籍能屬文，初不留思，作詠懷詩八十餘篇，爲世所重。著達莊論，叙無爲之貴，文多不錄。

籍嘗於蘇門山遇孫登，與商略終古，及栖神道氣之術，登皆不應，籍因長嘯而退，至半嶺聞有聲若鸞鳳之音，響乎巖谷乃登之嘯也。

遂歸著大人先生傳其略曰：「世之所謂君子，惟法是修，惟禮是克，手執圭璧，足履繩墨，行欲爲目前檢，言欲爲無窮則，少稱鄉黨，長聞鄰國，上欲圖三公，下不失九州牧，獨不見羣蝨之處褌中，逃乎深縫，匿乎壞絮，自以爲吉宅也，行不敢離縫際，動不敢出褌擋，自以爲得繩墨也，然炎丘火流，焦邑，滅都，羣蝨處於褌中而不能出也。君子之處域內何異夫蝨之處褌中乎？」此亦籍之胸懷本趣也。參攷晉書。

（4）稽康

稽康字叔夜，譙國銍人也。其先姓奚。會稽上虞人，以避怨徙焉。銍有稽山，家于其側，因而命氏。兄喜，有當世才，歷大僕宗正。康早孤。有奇才，遠勣不羣。身長七尺八寸。美詞氣，有風儀，而土木形骸，不自藻飾，人以爲龍章鳳姿，天質自然，恬靜寡慾，含垢匿瑕，寬簡有大量。學不師受，博覽無不該通，長好老莊，與魏宗室婚，拜中散大夫，常修養性服食之事，彈琴詠詩，自足於懷，以爲神仙稟之自然，非積學所得，至於道養得理，則安期彭祖之倫可及，乃著養生論。蓋其胸懷所寄，以高契難期，每思郢質，所與神交者：惟陳留阮籍；河內山濤，豫其流者，河內向秀；沛國劉伶；籍兄子咸；琅邪王戎，遂爲竹林之游，世所謂竹林七賢也。

戎自言與康居山陽二十年，未嘗見其喜慍之色。康嘗採藥游山澤，會其得意，忽焉忘反，時有樵蘇者遇之，咸謂神。至汲郡山中見孫登，康遂從之游。登沉默自守，無所言說。康臨去，登曰：「君性烈，而才雋，其能免乎？」……

山濤將去選官，舉康自代，康乃與濤書告絕曰：「聞足下欲以吾自代，雖事不行，知足下故不知之也。恐足下羞庖人之獨割，引尸祝以自助，故爲足下陳其可否。老子莊周吾之師也，親居賤職；柳下惠，東方朔達人也，安乎卑位，吾豈敢短之哉？又仲尼兼愛，不羞執鞭，子文無欲卿相，而三爲令尹，是乃君子思濟物之意也。所謂達能兼善而不渝，窮則自得而無悶，以此觀之，故知堯舜之居世，許由之巖棲，子房之佐漢，接輿之行歌，其揆一也。仰瞻數君，可謂能達其志者也。故君子百行，殊塗同致，循性而動，各附所安。故有處朝廷而不出，入山林而不反之論。且延陵高子臧之風，長卿慕相如之節，意氣所託，亦不可奪也。吾每讀尙子平，臺孝威傳，慨然慕之，想其爲人，加少孤露，母兄見驕不涉經學，又讀老莊，重增其放，故使榮進之心日頹，任逸之情轉篤，阮嗣宗口不論人過，吾每師之，而未能及。至性過人，與物無傷，惟飲酒過差耳，至爲禮法之士所繩，疾之如仇讐，幸賴大將軍保持之耳。吾以不如嗣宗之資，而有慢弛之闕，又不識物情，闇於機宜，無萬石之愼，而有好盡之累，久與事接，疵釁日興，雖欲無患，其可得乎？又聞道士遺言，餌朮黃精，令人久壽，意甚信之，遊山澤，觀魚鳥，心甚樂之。一行作吏，此事便廢，安能舍其所樂，而從其所懼哉？

夫人之相知，貴識其天性，因而濟之：禹不逼伯成子高，全其長也；仲尼不假蓋於子夏，護其短也；近諸葛孔明不迫元直以入蜀，華子魚不彊幼安以卿相，此可謂能相終始，眞相知者也。自卜已審，若道盡塗殫則已耳。足下無事冤之，令轉於溝壑也。

吾新失母兄之歡，意常悽切，女年十三，男年八歲，未及成人，況復多疾，顧此悢悢，如何可言！今但欲守陋巷，教養子孫，時時與親舊叙離闊，陳說平生，濁酒一杯，彈琴一曲，志意畢矣，豈可見黃門而稱貞哉？若趣欲共登王塗，期於相致，時爲懽益，一旦迫之，必發狂疾，自非重讐不至此也，既以解足下，並以爲別。」

此書既行，知其不可羈屈也。性絕巧而好鍛。宅中有一柳樹甚茂，乃激水圜之，每夏月居其下，以鍛。東平呂安，服康高致，每一相思，輒千里命駕，康友而善之，後安爲兄所枉訴，以事繫獄，辭相証引，遂復收康，康性愼言行，一旦纍紲乃作幽憤詩。（辭長不錄）

初康居貧，嘗與向秀共鍛於大樹之下以自贍給，穎川鍾會貴公子也，精練有才辯，故往造焉。康不爲之禮，而鍛不輟。良久會去。康謂曰：「何所聞而來？何所見而去」？會曰，「聞所聞而來，見所見而去」。會以此憾之。及是言於文帝曰，「嵇康臥龍也，不可起，公無憂天下，顧以康爲慮耳」。因譖康欲助毋丘儉，賴山濤不聽，昔齊戮華士，魯誅少正卯，誠以害時亂教，故聖賢去之，康安等言論放蕩，非毀典謨，帝王者所不宜容，宜因釁除之，以淳風俗。帝既昵聽信會，遂幷害之，康將刑東市。太學生三千人請以爲師。弗許。康顧視日影，索琴彈之，曰：「昔袁孝尼嘗從吾學「廣陵散，」吾每靳固之，「廣陵散」於今絕矣！時年四十。海內之士，莫不痛之。帝尋悟而恨焉。

初康嘗游乎洛西，暮宿華陽亭，引琴而彈，夜分忽有客詣之，稱是古人，與康共談音律，辭致清辯，因索琴彈之，而爲「廣陵散」，聲調絕論，遂以授康仍誓不傳人，亦不言其姓字。康善談理，又能屬文，其高情遠趣，索然玄遠，撰上古以來高士爲之傳贊，欲友其人于千載也。又作太師箴，亦足以明帝王之道焉。復作聲無哀樂論，甚有條理。參攷晉書

(5)向秀

向秀字子期，河內懷人也。清悟有遠識。少爲山濤所知，雅好老莊之學，莊周著內外數十篇，歷世方士雖有觀者，莫適論其旨統也。秀乃爲之隱解，發明奇趣，振起玄風，讀之者超然心悟，莫不自足一時也。惠帝之世，郭象又述而廣之，儒墨之迹見鄙，道家之言遂盛焉。始秀欲注，稽康曰：「此書詎復須注？正是妨人作樂耳」。及成，示康曰：「殊復勝否？」又與康論養生，辭難往復，蓋欲發康高致也

。康善鍛，秀爲之佐，相對欣然，傍若無人。又共呂安灌園於山陽，康既被誅，秀應本郡計入洛，文帝問曰，「聞有箕山之志，何以在此？」秀曰：「以爲巢許狷介之士，未達堯心，豈足多慕」？帝甚悅。秀乃自此役作思舊賦云：「余與稽康呂安。居止接近，其人並有不羈之才，稽意遠而疎，呂心曠而放，其後並以事見法。稽博綜伎藝，於絲竹特妙，臨當就命，顧視日影，索琴而彈之，逝將西邁，經其舊廬，於時日薄虞泉，寒冰凄然。鄰人吹笛者，發聲寥亮。追想曩昔游宴之好，感音而歎，故作賦曰：

「將命適於遠京兮，遂旋反以北徂，濟黃河以汎舟兮，經山陽之舊居，瞻野之蕭愁兮，息余駕乎城隅；踐二子之遺迹兮，歷窮巷之空廬；歎「黍離」之愍周兮；悲「麥秀」於殷墟。追昔以懷今兮，心徘徊以躊躇。棟宇在而弗毀兮，形精逝其焉如！昔李斯之受罪兮，歎黃犬而長吟：悼嵇生之永辭兮，顧日影而彈琴：託運遇於領會兮，寄餘命于寸陰，聽鳴笛之慷慨兮，妙聲絕而復尋。佇駕言其將邁兮，故援翰以寫心。」後爲散騎侍郎，轉黃門侍郎散騎常侍，在朝不任職，容迹而已，卒於位。參攷晉書

（6）劉伶

劉伶字伯倫。沛國人也。身長六尺，容貌甚陋。放情肆志，常以細宇宙，齊萬物爲心。澹默少言。不妄交遊。與阮籍嵇康相遇，欣然神解，攜手入林，初不以家產有無介意。常乘鹿車携一壺酒，使人荷插而隨之，謂曰：「死便埋我！」其遺形骸如此。嘗渴甚，求酒於其妻。妻捐酒毀棄，涕泣諫曰：「君酒太過，非攝生之道，必宜斷之」

。伶曰：「善，吾不能自禁，惟當祝鬼神自誓耳，便可具酒肉」。妻從之。伶跪祝曰：「天生劉伶，以酒爲名，一飮一斛，五斗解酲，婦兒之言，愼不可聽。」仍引酒御肉隗然復醉，嘗醉與俗人忤，其人攘袂奮拳而往，伶徐曰：「鷄肋不足以安尊拳。」其人笑而止。伶雖陶兀昏放，而機應不差，未嘗厝意文翰，，惟著酒德頌一篇，其辭曰：

「有大人先生，以天地爲一朝，萬期爲須臾，日月爲局牖，八荒爲庭衢；行無轍迹，居無室廬，幙天席地，縱意所如；止則操巵執觚；動則挈榼提壺，惟酒是務，焉知其餘？

有貴介公子搢紳處士，議其所以，乃奮袂攘襟，怒目切齒，陳說禮法，是非鋒起。

先生於是方捧甖承槽，銜盃漱醪，奮髯；箕踞；枕麴；藉糟。無畏無慮，其樂陶陶，兀然而醉，慨爾而醒，靜聽不聞雷霆之聲，熟視不睹泰山之形，不覺寒暑之切肌，利欲之感情，俯觀萬物，擾擾焉若江河之載浮萍，二豪侍側焉如蜾蠃之與螟蛉。

嘗爲建威參軍，泰始初對策，盛言無爲之化，時輩皆以高第得調，伶獨以無用罷，竟以壽終。參考晉書及昭明文選

之數子外，尙淸談，不爲苟生之論，獨存廉節，崇禮讓，足使貪夫廉，懦夫有立志者陶公淵明一人而已。

陶淵明

淵明，字元亮或云潛，潯陽柴桑人也。曾祖侃，晉大司馬。

淵明少有高趣，博學善屬文，穎脫不羣，任眞自得，嘗著五柳先生傳以自況曰：

『先生不知何許人也，亦不詳其姓氏，宅邊有五柳樹，因以爲號焉。閑靜少言，不慕榮利。好讀書，不求甚解，每有會意，欣然忘食。性嗜酒，而家貧不能恒得，親舊知其如此，或置酒招之，造飲輒盡，期在必醉，既醉而退，曾不吝情去留，環堵蕭然，不蔽風日，短褐穿結，簞瓢屢空，晏如也。嘗著文章自娛，頗示己志，忘懷得失，以此自終。』

時人謂之實錄。

親老家貧，起爲州祭酒，不堪吏職，少日自解歸州，召主簿，不就。躬耕自資，遂犯羸疾，江州刺史檀道濟往候之，偃臥瘠餒有日矣。道濟謂曰：「賢者處世，天下無道則隱，有道則至，今子生文明之世，奈何自苦如此？」對曰：「潛也何敢望賢？志不及也。」道濟餽以粱肉，麾而去之。

後爲鎭軍建威參軍謂親朋曰：「聊欲往歌以爲三徑之資可乎？」執事者聞之，以爲彭澤令，不以家人自隨，送一力，給其子書曰：「汝旦夕之費，自給爲難，今遣此力助汝薪水之勞，此亦人子也，可善遇之。」公田吏種秫。曰：「吾嘗得醉于酒足矣。」妻子固請種秔，乃使二頃五十畝種秫，五十畝種秔，歲終，會郡遣督郵至縣。吏請曰：「應束帶見之。」淵明歎曰；「我豈能爲五斗米折腰？問鄉里小兒？」即自解綬去職，賦歸去來，其辭曰：

『歸去來兮，田園將蕪胡不歸？既自以心爲形役，奚惆悵而獨悲？悟巳往之不諫，知來者之可追，實迷途其未遠，覺今是而昨非。舟遙遙以輕颺風飄飄而吹衣，問征夫以前路，恨晨光之希微。乃瞻衡宇，載欣載奔，僮僕來迎，稚子候門，三逕就荒，松菊猶存，携幼入室，有酒盈樽，引壺觴以自酌，眄庭柯以怡顏，倚南牕以寄傲，審容膝之易安，園日涉而成趣，門雖設而常關，策扶老而流憩，時矯首而遐觀，雲無心而出岫，鳥倦飛而知還，景翳翳其將入，撫孤松而盤桓。

歸去來兮，請息交以絕游。世與我而相遺，復駕言兮焉求？悅親戚之情話，樂琴書以消憂。農人告余以春暮，將有事乎西疇。或命巾車，或掉孤舟，既窈窕以尋壑，亦崎嶇而經丘，本欣欣以向榮，泉涓涓而始流，善萬物之得時，感吾生之行休。

已矣乎！寓形宇內復幾時？曷不委心任去留！胡為乎遑遑欲何之？富貴非吾願，帝鄉不可期！懷良晨以孤往，或植杖而芸耔，登東皐以舒嘯，臨清流而賦詩，聊乘化以歸盡，樂夫天命復奚疑。」

徵著作郎，不就。

江洲刺史王弘欲識之，不能致也。淵明嘗往廬山，淵明故人龐通之，齎酒具，于半道栗里之間邀之，淵明有脚疾，使一門生，二兒，舁藍輿，旣至，欣然便共飲酌，俄頃弘至，亦無忤也。

先是，顏延之爲劉抑後軍功曹，在潯陽，與淵明情款，後爲始安郡，經過潯陽，日造淵明飲焉。每往必酣飲致醉，弘欲邀延之坐，彌日不得，延之臨去，留二萬錢與淵明，淵明悉遣送酒家，稍就取酒。嘗九月九日，出宅邊菊叢中。坐久之，滿手把菊，忽値弘送酒至，即便就酌，醉而歸。

淵明不解音律，而蓄無弦琴一張，每酒適，輒撫弄以寄其意，曰但識琴中意，何勞弦上聲，貴賤造之者，有酒輒設，淵明若先醉便說客：「我醉欲眠，卿可去！」其眞率如此。淵明不營生業，家務悉委之兒僕，未嘗有喜慍之色，嘗夏月虛閒臥北窗之下，淸風颯至，自謂羲皇上人。

郡將常侯之，値其釀熟，取頭上葛巾漉酒，漉畢，還復著之。

時周續之入廬山事釋惠遠，彭城劉遺民亦遁迹匡山，淵明又不應徵命，謂之潯陽三隱，後刺史檀韶苦請續之出州與學士祖企，謝景夷三人共在城北講禮，加以讎校，所住公廨，近于馬隊，是故淵明示其詩云：「周生述孔業，祖謝響然臻，馬隊非講肆，校書亦已勤。」

其妻翟氏，亦能安勤苦，與其同志。

自以曾祖晉世宰輔，恥復屈身後代，自宋高祖王業漸隆，不復肯仕。元嘉四年，將復徵命，會卒。時年六十三，世謂靖節先生。參考蕭統

附桃花源記

陶淵明傳
及晉書

晉太原中，武陵人捕魚爲業，緣溪行，忘路之遠近，忽逢桃花林，夾岸數百步，中無雜樹，芳草鮮美，落英繽紛，漁人甚異之，復前行，欲窮其林，林盡水源，便得一山，山有小口，髣髴若有光，便舍船從口入，初極狹，纔通人，復行數十步，豁然開朗，土地平曠，屋舍儼然，有良田，美池，桑，竹之屬，阡陌相通，鷄犬相聞，其中往來種作男女，衣著如外人，黃髮垂髫，並怡然自樂，見漁人乃大驚，問所從來，具答之，便要還家，設酒殺鷄作食。

村中聞有此人，咸來問訊，自云：「先世避秦時亂，率妻子邑人來此絕境，不復出焉。遂與外人間隔，」問今是何世，乃不知有漢，無論魏晉，此人爲具言所聞，皆歎惋，餘人各復延至家，皆出酒食。停數日辭去，此中人語云：「不足爲外人道也。」既出得其船，便扶向路，處處誌之，及郡下，詣太守，說如此，太守即遣人隨其往，尋向所誌，遂迷不復得路。南陽劉子驥高尙士也，聞之欣然規往未果，尋病終。後遂無問津者。

(四)六朝隋唐

(1)佛學

自六朝至唐，如王通陸德明，孔穎達，韓愈等皆有其曆史上之價値，然影響及於我民族者實不若佛學之盛也。

『佛學之入吾國，始於東漢明帝永平十年西印度之攝摩，竺法蘭師應詔齎經典而至，於是佛之教義，始東被，至三國有三支自印度來，魏嘉平二年曇摩訶羅始以戒律來，及晉代魏則有佛圖澄者，來自西域專事譯經，東晉以還，若道安慧遠，竺道潛其尤著也，道安與習鑿齒等游，專闡揚佛教於士大夫之間，慧遠開廬山，日夜說法，佛教講壇實始於此。法題橫雪山以入天竺，齎佛典多種以歸，若佛圖記，我國人之至印度者，此爲第一，同時有鳩摩羅什者來自龜茲，日夜從事繙譯，經論成於其手者不知凡幾。傳「大乘教」，「三論宗」義。

南北朝之際迎求那跋摩於罽賓，築戒壇以聽法，中國之有戒壇自此始，曆陳隋以逮初唐，諸宗並起，菩提流支，始倡地論宗，達摩始倡禪宗，眞諦三藏始倡攝論宗，及俱舍宗，智者大師始倡天台法華宗，南山律師，始倡律宗，善導大師始倡淨土宗，慈恩三藏始倡法相宗

，賢首國師，始倡華嚴宗，善無畏三藏，始倡眞言宗，萬馬齊奔，百流胸趣，至是遂爲爲佛學極盛時代』，（參考超啟超佛學時代）

自玄奘西遊，徧禮戒智論師受法而歸，於是千餘年之心傳盡歸於中國，當是之時舉國碩學，皆參圓理，雖有韓愈諫迎佛骨，而佛骨由皇家出示相迎，則佛之勢力在斯時，已大極矣。漢代崇儒學，由於高祖以太牢祀孔子，兩晋尙玄虛，由於世主好淸談，六朝唐，信佛之事不一而足，如梁武帝三捨身施佛，唐憲宗迎佛骨於鳳翔，上有所好，下必有甚焉，宜乎佛敎之足以磅礴一時也。

惟世間事有盛必有衰，有擁護之者必有推翻之者，此物極必反之常經，而未有能外此者佛敎在斯時如此盛行．其必有人出而反對之，總六朝隋唐八代執鮮旗聲言打倒佛敎者韓愈一人而已。故韓愈在學術史上非在其能著原道，非在其能作龍說，亦非在其能文起八代之衰，而在其能大胆作諫迎佛骨表也。

（2）韓愈諫迎佛骨

初憲宗遣使者，往鳳翔，迎佛骨入禁中，三日，乃送佛祠。王公士人，奔走膜唄。至爲夷法，灼體膚，委珍貝，騰沓係路，愈聞惡之，乃上表曰。佛者，夷狄之一法耳。自後漢時始入中國，上古未嘗有也。

昔黃帝在位百年，年百一十歲。少昊在位八十年，年百歲。顓頊在位七十九年，年九十歲，帝嚳在位七十年，年百五歲。堯在位九十八年，年百一十八歲。帝舜在位及禹，年皆百歲。此時天下太平，百姓安樂壽考，然而中國未有佛也。

其後湯亦年百歲。湯孫太戊，在位七十五年，武丁在位五十年，書史不言其壽，推其年數，蓋不減百歲。周文王九十七歲。武王年九十三歲。穆王在位百年。此時佛法亦未至中國，非因事佛而致然也。漢明帝時，始有佛法。明帝在位纔十八年。其後亂亡相繼，運祚不長。宋，齊，梁，陳，元魏以下，事佛漸謹，年代尤促。唯梁武帝在位四十八年。前後三捨身施佛。宗廟祭，不用牲牢，晝日一食，止於菜果，後爲侯景所逼，餓死臺城，國亦尋滅。事佛求福，乃更得禍。由此觀之，佛不足信亦可知矣。

高祖始受隋禪，則議除之。當時羣臣，識見不達，不能深究先王之道，古今之宜，推闡聖明以救斯弊，其事遂止，臣常恨焉。伏惟睿聖文武皇帝陛下，神聖英武，數千百年以來，未有倫比，即位之初，即不許度人爲僧尼道士，又不許別立寺觀。臣當時以爲高祖之志必行於陛下，今縱未能即行，豈可恣之令盛也。

今陛下令羣僧，迎佛骨於鳳翔，御樓以觀，舁入大內。又令諸寺遞加供養。臣雖至愚，必知陛下不惑於佛，作此崇奉以祈福祥也。直以豐年之樂，徇人之心，爲京都士庶，設詭異之觀，戲玩之具耳。安有聖明若此，而肯信此等事哉。

然百姓愚冥，易惑難曉。苟見陛下如此，將謂眞心信佛。皆云，天子大聖，猶一心信向，百姓微賤，於佛豈合更惜身命。以至灼項燔指，十百爲羣，解衣散錢，自朝至暮，轉相倣效，唯恐後時，老幼奔波，棄其生業。若不即加禁遏，更歷諸寺，必有斷臂臠身以爲供養者。傷風敗俗，傳笑四方，非祥事也。

佛本夷狄之人。與中國言語不通，衣服殊製。口不道先王之法言，身不服先王之法服。不知君臣之義父子之情，假如其身尙在，奉其國命來朝京師，陛下容而接之，不過宣政一見，禮賓一設，賜衣一襲，衛而出之不令惑衆也。況其身死已久，枯朽之骨，凶穢之餘，豈宜以入宮禁，孔子曰，「敬鬼神而遠之。古之諸侯，弔於其國，必令巫祝，先以桃茢，祓除不祥，然后進弔。今無故取朽穢之物，親臨觀之，巫祝不先，桃茢不用，羣臣不言非，御史不擧其失，臣實恥之。乞以此骨付之水火，永絕根本。斷天下之疑，絕前代之惑。使天下之人，知大聖人之所作爲，出於尋常萬物也。

佛如有靈，能作禍祟。凡有殃咎，宜加臣身。上天鑒臨，臣不怨悔。

表入，帝大怒。持示宰相，將抵以死。度崔羣曰，「愈言訐牾，罪之誠宜，然非內懷至忠，安能及此。願少寬假以來諫爭。」帝曰，「愈言我奉佛太過，猶可容，至謂東漢奉佛以後，天子咸夭促，言何乖刺邪。愈人臣，狂妄敢爾，固不可赦。」於是中外駭懼，雖戚里諸貴，亦爲愈言，乃貶之潮州史刺。所謂道濟天下之溺者此耳？

(五)宋元明

五代變亂，中原塗炭，民心如燕巢幕上，誰復有閒情研究學術，至宋，趙晉以半部論語造宋太祖定天下，乃欲以半部論語造宋太祖治天下，於是海內嚮風，儒敎乃乘時以起，逮及周敦頤著太極圖說，明天理之根源，究萬物之終始，宋代理學於焉萌芽。

(1)周敦頤

周敦頤，字茂叔，道州營道人，元名敦實，避英宗舊諱，改焉。以舅龍圖閣學士鄭向任爲分寧主簿。有獄，久不決，敦頤至，一訊立辨。邑人驚曰，「老吏不如也」

部使者薦之，調南安軍司理參軍。有囚法不當死。轉運使王逵欲深治之。逵，酷悍吏也，衆莫敢爭。敦頤獨與之辨。不聽乃委手版歸，將棄官去，曰，『如此尚可仕乎』殺人以媚人，吾不爲也。』逵悟，囚得免。

移郴之桂陽令，治績尤著。郡守李初平賢之，語之曰，『吾欲讀書，何如。』敦頤曰，『公老無及矣，請爲公言之。』二年，果有得。

徒知南昌。南昌人皆曰，「是能辨分寧獄者，吾屬得所訴矣。」富家，大姓，黠吏，惡少，惴惴焉，不獨以得罪於令爲憂，而又以汚穢善政爲恥。

歷合州判官。事不經手，吏不敢決，雖下之，民不肯從。部使者趙抃惑於譖口，臨之甚威，敦頤處之超然。

通判虔州。抃守虔熟，視其所爲，乃大悟，執其手曰，『吾幾失君矣。今而後，乃知周茂叔也。』

熙寧初，知郴州。用抃及呂公著薦，爲廣東轉運判官，提點刑獄。以洗冤澤物爲己任。行部不憚勞苦，雖瘴癘險遠，亦緩視徐案。

以疾求知南康軍。因家廬山蓮花峯下，前有溪，合於湓江，取營道所居濂溪以名之。

抃再鎮蜀，將奏用之，未及而卒。年五十七。

黃庭堅稱其「人品甚高，胸懷灑落，如光風霽月。廉於取名而銳於求志，薄於徼福而厚於得民，菲於奉身而燕及煢嫠，陋於希世而尚友千古。」

博學力行。著太極圖。其說曰，無極而太極。太極動而生陽，動極而靜，靜而生陰，靜極復動。一動一靜，互為其根。分陰分陽，兩儀立焉。陽變陰合，而生水火木金土，五氣順布，四時行焉。五行一陰陽也，陰陽一太極也，太極本無極也。五行之生也，各一其性。

無極之眞，二五之精，妙合而凝，乾道成男，坤道成女。二氣交感，化生萬物。萬物生生，而變化無窮焉。

雖人也得其秀而最靈。形旣生矣，神發知矣，五性感動，而善惡分，萬事出矣。

聖人定之以中正仁義，而主靜，立人極焉。故「聖人與天地合其德，日月合其明，四時合其序，鬼神合其吉凶。」君子修之，吉。小人悖之，凶。

故曰，「立天之道，曰陰與陽，立地之道，曰柔與剛，立人之道，曰仁與義」又曰，「原始反終，故知死生之說。」

大哉易也，斯其至矣。

又著通書四十篇，發明太極之蘊。序者謂其「言約而道大，文質

而義精，得孔孟之本源，大有功於學者」也

程顥，程頤，皆受業其門，敦頤每令尋孔顏樂處，所樂何事，二程之學源流乎此矣。

（2）程顥

與弟頤聞敦頤論學，遂厭科舉之習，慨然有求道之志出入於老釋者幾十年，返求諸六經而後得之，秦漢以來未有臻斯理者。教人自致知至於知止，誠意至於平天下，洒掃應對至於窮理盡性，循循有序。

病學者厭卑近而騖高遠，卒無成焉。故其言曰，「道之不明，異端害之也。昔之害，近而易知。今之害，深而難辨。昔之惑人也，乘其迷暗，今之惑人也，因其高明。自謂之窮神知化，而不足以開物成務。言爲無不周遍，實則外於倫理，窮深極微，而不可以入堯舜之道。天下之學，非淺陋，固滯，則必入於此。自道之不明也，邪誕妖妄之說競起，塗生民之耳目，溺天下於汚濁，雖高才明智，膠於見聞，醉生夢死，不自覺也。是皆正路之蓁蕪，聖門之蔽塞。辟之而後可以入道。」

顥之死，士大夫識與不識，莫不哀傷焉。文彥博采衆論，題其墓曰，明道先生。其弟頤序之曰，「周公沒，聖人之道不行，孟軻死，聖人之學不傳。道不行，百世無善治。學不傳，千載無眞儒。無善治，士猶得以明夫善治之道，以淑諸人，以傳諸後，無眞儒，則貿貿焉莫知所之，人欲肆而天理滅矣。

先生生於千四百年之後。得不傳之學於遺經，以興起斯文爲己任。辨異端，闢邪說，使聖人之道，煥然復明於世。蓋自孟子之後一人而已。然學者於道不知所向，則孰知斯人之爲功，不知所至，則孰知斯名之稱情也哉。

嘉定十三年，賜謚曰純公。淳祐元年，封河南伯，從祀孔子廟庭。所着識仁篇甚有名，其文曰：

「學者須先識仁。」仁者渾然與物同體。義禮智信皆仁也。識得此理，以誠敬存之而已。不須防檢，不須窮索。若心懈則有防。心苟不懈，何防之有。理有未得，故須窮索。存久自明，安待窮索。

此道與物無對。大不足以名之。天地之用，皆我之用。孟子言「萬物皆備於我，須反身而誠，乃爲大樂。」若反身未誠，則猶是二物有對。以己合彼，終未有之，又安得樂。「訂頑」意思，乃備言此體。以此意存之，更有何事。必有事焉而勿正，心勿忘，勿助長。」未嘗致纖毫之方。此其存之之道。若存得，便合有得。蓋良知良能，元不喪失。以昔日習心未除，欲須存習此心，久則可奪舊習。

此理至約，惟患不能守，既能體之而樂，亦不患不能守也。參考宋史

(3)程頤

顥之弟頤，字正叔。年十八，上書闕下，欲天子黜世俗之論，以王道爲心。游太學，見胡瑗。問諸生以顏子所好何學？頤因答曰：

學以至聖人之道也。

聖人可學而至歟？

曰然。

學之道如何？曰，天地儲精，得五行之秀者爲人。其本也眞而靜。其未發也，五性具焉，曰，「仁，義，禮，智，信。」形既生矣，外物觸其形而動其中矣，其中動而七情出焉，曰「喜，怒，哀，樂，愛，惡，欲。」情既熾而益蕩，其性鑿矣。是故覺者，約其情使合於中，正其心，養其性。愚者則不知制之。縱其情而至於邪僻，梏其性而亡之。然學之道，必先明諸心，知所養，然後力行以求至，所謂「自明心而誠」也。

誠之之道在乎信道篤。信道篤則行之果。行之果則守之固。仁義忠信，不離乎心，造次必於是，顚沛必於是，出處語默必於是。久而弗失，則居之安，動容周旋中禮，而邪僻之心無自生矣。

故顏子所事，則曰，「非禮勿視，非禮勿聽，非禮勿言，非禮勿動。」仲尼稱之。則曰，「得一善，則拳拳服膺，而弗失之矣。」又曰，「不遷怒，不貳過，有不善未嘗不知，知之未嘗復行。」此其好之篤，學之得其道也。

然聖人則不思而得，不勉而中，顏子則必思而後得，必勉而後中。其與聖人相去一息。所未至者，守之也，非化之也。以其好學之心，假之以年，則不日而化矣。

後人不達，以謂聖本生知，非學可至，而爲學之道遂失。不求諸己而求諸外，以博聞强記巧文麗辭爲工。榮華其言，鮮有至於道者。則今之學，與顏子所好異矣。

璦得其文，大驚異之，即延見，處之學職。呂希哲首以師禮事頤。治平元豐間，大臣屢薦，皆不起。哲宗初，司馬光，呂公著，共疏其行義曰，「伏見河南府處士程頤，力學好古，安貧守節。言必忠信，動遵禮法。年踰五十，不求仕進。眞儒者之高蹈聖世之逸民。望擢以不次，使士類有所矜式。」詔以爲西京國子監教授，力辭。

尋召爲秘書省校書郎。既入見，擢崇正殿說書……

蘇軾不悅於頤。頤門人賈易，朱光庭，不能平，合功軾。胡宗愈，顧臨，詆頤不宜用，孔文仲極論之。遂出營勾西京國子監。久之，加直秘閣。再上表辭。董敦逸復摭其有怨望語去官。

詔聖中，削籍竄涪州。李清臣尹洛，即日迫遣之，欲入別叔母，亦不許。明日，贐以銀百兩。頤不受。

徽宗即位。徙峽州。俄復其官。又奪於崇寧。卒，年七十五。

頤於書無所不讀，其學本於誠，以大學語孟中庸爲標指，而達於六經，動止語默，一以聖人爲師。其不至乎聖人不止也。張載稱其「兄弟從十四五時，便脫然學聖人」故卒得孔孟不傳之學，以爲諸儒倡。

其言之旨若布帛菽粟然。知德者尤尊崇之。嘗言「今農夫祁寒暑雨。深耕耨。播種五穀，吾得而食之。百工技藝，作爲器物，吾得而用之。介胄之士，被堅執銳，以守土宇，吾得而安之。無功澤及人，而浪度歲月，晏然爲天地間一蠹。唯綴緝聖人遺書，庶幾有補爾。」於是著易春秋傳以傳於世。

平生誨人不倦，故學者出其門最多。淵源所漸，皆爲名士。涪人祠頤於北巖，世稱爲伊川先生。嘉定十三年，賜謚曰正公。淳祐元年，封伊陽伯，從祀孔子廟庭。（參考宋史）

二程同事敦頤，伯淳較爲深造。次於二程者有邵康節堯夫知慮絕人，過事能前知，程頤嘗曰「其心虛明自能知之，其子傳自北海李之才，深知陰陽消息，張橫渠子厚學禮貴德，樂天安命，作西銘以民胞物與爲懷，擴前聖所未發，與孟子性善養氣之論同功。

要之北宋諸儒雖張載邵雍皆不及二程，故論北宋學術當首推明道伊川。

南宋永嘉派承二程之學卓然有建樹者，朱熹，陸九淵二人而已

（4.）朱熹

朱熹字元晦，一字仲晦，徽州婺源人。幼穎悟。甫能言，父指天示之，曰，「天也。」熹問曰，「天之上何物。」松異之。就傅，授以孝經，一閱，題其上曰，「不若是，非人也。」嘗從羣兒戲沙上，獨端坐，以指畫沙。視之，八卦也。年十八，貢于鄉。中紹興十八年進士第，主泉州同安簿。選邑秀民充弟子員，日與講說聖賢修己治人之道。禁女婦之爲僧道者。間詣郡學，引進士子，與之講論。訪白鹿洞書院遺址，奏復其舊。爲學規，俾守之。

慶元元年，初，趙汝愚旣相，收召四方知名之士，中外引領望治。熹獨惕然以侂胄用事爲慮。旣屢爲上言，又數以手書啓汝愚，當用厚賞酬其勞，勿使得預朝政，有「防微杜漸僅不可忽」之語。汝愚方謂其易制，不以爲意。及是，汝愚亦以誣逐，而朝廷大權，悉歸侂胄矣。熹始以廟議自劾，不許。以疾再乞休致，詔「辭職謝事，非朕優賢之意，」依舊秘閣修撰。

二年沈繼祖爲監察御史，誣熹十罪。詔落職罷祠。門人蔡元定，亦送道州編管。四年，熹以年近七十，申乞致仕。五年，依所請。明年，卒，年七十一。

疾且革，手書屬其子在，及門人范念德，黃榦，拳拳以勉學及修正遺書爲言。翌日，正坐，整衣冠，就枕而逝。

熹登第五十年，仕於外者僅九考，立朝纔四十日。家故貧，少依父友劉子翬寓建之崇安。後徙建陽之考亭。既而講學於吾縣（福安）之籃柄村龜亭寺，至今父老猶言之甚悉。簞瓢屢空，晏如也。諸生之自遠而至者，豆飯藜羹，率與之共。往往稱貸於人以給用，而非其道義，則一介不取也。

自熹去國，侂胄勢益張。何澹爲中司，首論「專門之學，文詐沽名，乞辨眞僞」劉德秀仕長沙，不爲張栻之徒所禮，及爲諫官，首論「留正引僞學之罪。」僞學之稱，蓋自此始。太常少卿胡紘，言「比年僞學猖獗，圖爲不軌，望宣諭大臣，權住進擬。」遂召陣賈爲兵部侍郎。未幾，熹有奪職之命。劉三傑以前御史，論「熹，汝愚，劉光祖，徐誼之徒，前日之僞黨，至此又變而爲逆黨。」即日，除三傑右正言右諫議大夫。姚愈論「道學權臣，結爲死黨，窺伺神器乃命直學士院高文虎，草詔諭天下。於是攻僞學日急。選人余嚞，至上書乞斬熹。方是時，士之繩趨尺步，稍以儒名者，無所容其身。從游之士，特立不顧者，屛伏丘壑，依阿巽儒者，更名他師，過門不入，甚至變易衣冠，狎游市肆，以自別其非黨。而熹日與諸生，講學不休。或勸其謝遣生徒者，笑而不答。有籍田令陳景思者，故相康伯之孫也，與侂冑有姻連。勸侂冑勿爲已甚。侂冑意亦漸悔。熹既沒，將葬，言者謂「四方僞徒，期會送僞師之葬，會聚之間，非妄談時人短長，則謬議時政得失，望令守臣約束」從之。嘉泰初，學禁稍弛。二年，詔熹以致仕，除華文閣待制。與致仕恩澤。後侂冑死，詔賜熹遺表恩澤，諡曰文。尋贈中大夫。特贈寶謨閣直學士。理宗寶慶三年，贈太師，追封信國公，改徽國。

始熹少時，慨然有求道之志。父松病亟，嘗囑熹曰，「籍溪胡原仲，白水劉致中，屏山劉彥冲，三人，學有淵源，吾所敬畏。吾即死，汝往事之，而惟其言之聽；」故熹之學，既博求之經傳，復徧交當世有識之士。延平李侗，老矣，嘗學於羅從彥。熹歸自同安，不遠數百里，徒步往從之。」

其爲學，大抵窮理以致其知，反躬以踐其實，而以居敬爲主，嘗謂「聖賢道統之傳，散在方册，聖經之旨不明，而道統之傳始晦。」於是竭其精力以硏窮聖賢之經訓。所著書，有易本義，啓蒙，蓍卦考誤，詩集傳，大學中庸章句，或問，論語孟子集註，太極圖通書西銘解，楚辭集註辨證，韓文考異。所編次，有論孟集義，孟子指要，中庸輯略，孝經刋誤，小學書，通鑑綱目，宋名臣言行錄，家禮，近思錄，河南程氏遺書，伊洛淵源錄。皆行於世。熹沒，朝廷以其大學語孟中庸訓說，立於學官。又有儀禮經傳通解，未脫藁，亦在學官。平生爲文，凡一百卷。生徒問答，凡八十卷，別錄十卷。

理宗紹定末。秘書郞李心傳，乞以司馬光，周敦頤，邵雍，張載，程顥，程頤，朱熹七人，列於從祀，不報，淳祐元年正月，上視學。手詔以張周二程及熹，從祀孔子廟。

黃榦曰，「道之正統，待人而後傳。自周以來，任傳道之責者，不過數人，而能使斯道章章較著者，一二人而止耳。由孔子而後，曾子子思繼其微，至孟子而始著，由孟子而後。周程張子繼其絕，至熹而始著，」識者以爲知言。

（5）陸九淵

陸九淵，字子靜。

生三四歲，問其父「天地何所窮際。」父笑而不答。遂深思，至忘寢食。

及總角，學止異凡兒。見者敬之。

謂人曰：「聞人誦伊川語，自覺若傷我者。」又曰，「伊川之言，奚爲與孔子孟子之言不類。近見其間多有不是處。」

初讀論語，即疑有子之言支離。

他日，讀古書，至宇宙二字，解者曰，「四方上下曰宇，往古來今曰宙，」忽大省曰「宇宙內事，乃己分內事，己分內事，乃宇宙內事。」

又嘗曰「東海有聖人出焉，此心同也，此理同也，至西海南海北海有聖人出，亦莫不然。千百世之上，有聖人出焉，此心同也，此理同也，至於千百世之下，有聖人出，此心此理，亦無不同也。

後登乾道八年進士第。至行在，士爭從之游。言論感發，聞而興起者甚衆。教人不用學規，有小過，言中其情，或至流汗。有懷於中而不能自曉者，爲之條析其故，悉如其心。亦有相去千里，聞其大概而得其爲人。

嘗曰：

「念慮之不正者，頃刻而知之，即可以正，念慮之正者，頃刻而失之，即爲不正。有可以形迹觀者，有不可以形迹觀人，則不足以知人，必以形迹繩人，則不足以救之。」

未幾，除將作監丞，爲給事中王信所駁，詔主管台州崇道觀。還鄉，學者輻湊。每開講席，戶外屨滿，耆老扶杖觀聽。自號象山翁，學者稱象山先生。嘗謂學者曰「汝耳自聰，目自明，事父自能孝，事兄自能弟，本無欠闕，不必它求，在乎自立而已」又曰「此道與溺於利欲之人言，猶易，與溺於意見之人言，却難。」

或勸九淵著書。曰，「六經註我，我註六經。」又曰「學苟知道，六經皆我註脚。」

光宗即位，差知荆門軍。民有訴者，無早暮，皆得造於庭。復令其自持狀以追，爲立期，皆如約而至。即爲酌情決之。而多所勸釋。其有涉人倫者，使自毁其狀以厚風俗。唯不可訓者，使寘之法。

其境內官吏之貪廉，民俗之習向善惡，皆素知之。有訴人殺其子者。九淵曰，「不至是」及追究，其子果無恙。……逾年，政行令修，民俗爲變。諸司交薦。丞相周必大，嘗稱荊門之政，以爲躬行之效。

一日，語所親曰「先教授兄有志天下，竟不得施以沒」又謂家人曰，「吾將死矣」又告僚屬曰，「某將告終」會禱雪，明日雪，迺沐浴更衣端坐。後二日日中而卒。會葬者以千數。諡文安。

初，九淵嘗與朱熹會鵝湖，論辨所學，多不合，及熹守南康，九淵訪之。熹與至白鹿洞，九淵爲講君子小人喻義利一章，聽者至有泣下。熹以爲「切中學者隱微深痼之病。」至於無極而太極之辨，則貽書往來，論難不置焉。

門人楊簡，袁燮，舒璘，沈煥，能傳其學云。參考宋史

晦菴師事延平（李侗）承默坐証心體認天理之師訓，象山先立乎其大，謂六經註我，我不註六經，晦菴主無極而太極，象山謂太極無無極，彼此抵拒不相下，兩氏修養尙淺故辯論之際，常悻悻見於詞氣之間；象山常謂明道尙疏通，伊川錮蔽深，殊不知朱陸之錮蔽更甚於伊川也。其後陸說盛行於江西，朱說盛行於福建，後學攻訐益靡底止。

元代號稱大儒者，如吳澄，金履祥王柏謙輩，卑之無甚高論。

明永樂中有薛瑄，吳興弼，陳獻章，別宋儒獨自機杼一家，至王陽明主知行合一說，始爲學術界放一異彩。

王陽明

陽明名守仁，字伯安，餘姚人也。父華成化辛丑進士第一人，仕

至南京吏部尙書。

先生之學，始泛濫於詞章，繼而徧讀考亭之書，循序格物。出入於佛老者久之。及至居夷處困，動心忍性，因念聖人處此，更有何道。忽悟格物致知之旨，聖人之道，吾性自足，不假外求。其學凡三變而始得其門。

自此之後，盡去枝葉，一意本原，以默坐澄心爲學，爲有未發之中，始能有發而中節之和。道德言動，大率以收斂爲主，發散是不得已。

江右以後，專提致良知三字，默不假坐，心不待澄，不習不慮，出之自有天則。蓋良知即是未發之中，此知之前，更無未發，良知即是中節之和，此知之後，更無已發。此知自能收斂，不須更主於收斂，此知自能發散，不須更期於發散。收斂者，感之體，靜而動也，發散者，寂之用，動而靜也。知之眞切篤實處，即是行，行之明覺精察處，即是知，無有二也。

居越以後，所操益熟，所得益化。時時知是知非，時時無是無非，開口即得本心，更無假借湊泊。如赤日當空，而萬象畢照。是學成之後，又有此三變也。

先生憫宋儒之後，學者以知識爲知，謂人心之所有者，不過明覺，而理爲天地萬物之所公共，故必窮盡天地萬物之理，然後吾心之不明覺，與之渾合而無間。說是無內外，其實全靠外來聞見，以知補其靈明者也。先生以聖人之學，心學也，心即理也。故於致知格物之訓不得不言致吾心之天理於事事物物，以知識爲知，則輕浮而不實，故必以力行爲工夫，良知感應神速，無有等待，本心之明，即知，不欺本心之明，即行也。不得不言知行合一。此其立言之大旨。不出於是。

而或者以釋氏本心之說，頗行於心學。不知儒釋界限，只一理字，釋氏於天地萬物之理，一切置之度外，更不復講，而止守此明覺。世儒則不恃此明覺，而求理於天地萬物之間，所謂絕異，然其歸理於天地萬物，歸明覺於吾心，則一也。向外尋理，終是無源之水，無根之木。縱使合得本體上，已費轉手，故沿門乞火，與合眼見暗，相去不遠。點出心之所以爲心，不在明覺而在天理，金鏡已墜而復收。遂使儒釋疆界，渺若山河。此有目者所覩也。試以孔孟之言證之，致吾良知於事物，事物皆得其理，非所謂「人能弘道乎。若理在事物，則是道能弘人矣。告子之外義，豈滅義而不顧乎。亦於事物之間，求其義而合之，正如世儒之所謂窮理也。孟子何以不許之，而四端必歸之心哉。嗟乎，糠粃眯目，四方易位，而後先生可疑也。

隆慶初，贈新建侯，謚文成，萬歷中，從祀孔子廟庭。

所著大學問甚有名，其文曰：

「大學者，昔儒以爲「大人之學」矣，敢問大人之學，何以在於「明明德」乎。

陽明子曰，大人者，以天地萬物爲一體者也，其視天下猶一家，中國猶一人焉。若夫間形骸而分爾我者，小人矣。大人之能以天地萬物爲一體也，非意之也，其心之仁本若是。其與天地萬物而爲一也，豈惟大人，雖小人之心亦莫不然。彼顧自小之耳。是故見孺子之入井而必有怵惕惻隱之心焉，是其仁之與孺子而爲一體也。孺子猶同類者也，見鳥獸之哀鳴觳觫而必有不忍之心焉，是其仁之與鳥獸而爲一體也。鳥獸猶有知覺者也，見草木之摧折而必有憫恤之心焉，是其仁之與草木而爲一體也。草木猶有生意者也，見瓦石之毀壞而必有顧惜之心焉，是其仁之與瓦石而爲一體也。是其一體之仁也，雖小人之心，亦必有之，是乃根於天命之性而自然靈昭不昧者也，是故謂之「明德」，小人之心既已分隔不陋矣。而其一體之仁，猶能不昧若此者，是其未動於欲而未蔽於私之時也。及其動於欲，蔽於私，而利害相攻，忿怒相激，則將戕物圮類，無所不爲，其甚至有骨肉相殘者，而一體之仁亡矣。是故苟無私欲之蔽，則雖小人之心，而其一體之仁，猶大人也，一有私欲之蔽，則雖大人之心，而其分隔隘陋，猶小人矣。故夫爲大人之學者。亦惟去有私欲之蔽以自明其明德，復其天地萬物一體之本然而已耳，非能於本體之外而有所增益之也。

曰，然則何以「在親民」乎。

曰，「明明德」者，立其天地萬物一體之體也，「親民」者，達其天地萬物一體之用也。故「明明德」必在於「親民」，而「親民」乃所以明其「明德」也。是故親吾之父以及人之父，以及天下人之父，而後吾之仁，實與吾之父人之父與天下人之父而爲一體矣，實與之爲一體，而後孝之「明德」始明矣。親吾之兄以及人之兄，以及天下人之兄，而後吾之仁，實與吾之兄人之兄與天下人之兄而爲一體矣，實與之爲一體，而後弟之「明德」始明矣。君臣也，夫婦也，朋友也，以至於山川鬼神鳥獸草木也，莫不實有以親之，以達吾一體之仁，然後吾之「明德」始無不明，而眞能以天地萬物爲一體矣。夫是之謂「

明明德於天下，」是之謂「家齊國治而天下平，」是之謂「盡性」。

曰，然則有烏在其爲「止至善」乎？

曰，「至善」者，「明德」「親民」之極則也。天命之性，粹然至善，其靈昭不昧者，此其「至善」之發見，是乃「明德」之本體，而即所謂良知者也。「至善」之發見，是而是焉，非而非焉，輕重厚薄，隨感隨應，變動不居，而亦莫不自有天然之中，是乃民彝物則之極，而不容少有擬議增損於其間也。少有擬議增損於其間，則是私意小智而非「至善」之謂矣。自非慎獨之至，惟精惟一者，其孰能與於此乎。後之人，惟其不知「至善」之在吾心，而用其私智以揣摸測度於其外，以爲事事物物各有定理也，是以昧其是非之則，支離決裂，人欲肆而天理亡，「明德」「親民」之學遂大亂於天下。蓋昔之人固有欲明其明德者矣，然惟不知「止於至善，」而鶩其私心於過高，是以失之虛罔空寂而無有乎家國天下之施，則二氏之流是矣。固有欲親其民者矣，然惟不知「止於至善」，而溺其私心於卑瑣，是以失之權謀智術而無有乎仁愛惻怛之誠，則五伯功利之徒是矣。是皆不知「止於至善」之過也。故「止至善」之於「明德」「親民」也，猶之規矩之於方圓也，尺度之於長短也，權衡之於輕重也。故方圓而不止於規矩，爽其則矣，長短而不止於尺度，乖其劑矣。輕重而不止於權衡，失其準矣「明明德」「親民」而不「止於至善，」亡其本矣。故「止於至善，」以「親民」而明其「明德」是之謂「大人之學。」

曰，「知止而后有定，定而後能靜，靜而后能安，安而後能慮，慮而後能得，」其說何也？

曰，人惟不知「至善」之在吾心而求之於其外，以爲事事物物皆有理也，而求「至善」於事事物物之中，是以支離決裂，錯雜紛紜，而莫知有一定之向。今焉既知「至善」之在吾心而不假於外求，則志有定向，而無支離決裂錯雜紛紜之患矣。無支離決裂錯雜紛紜之患，則心不妄動而能「靜」矣。心不妄動而能「靜」，則其日用之間從容，閒暇而能「安」矣。能「安」則凡一念之發，一事之感，其爲至善乎，其非至善乎，吾心之良知，自有以詳審精察之而能「慮」矣。能「慮」則擇之無不精，處之無不當，而「至善」於是乎可得矣。

曰，「物有本末」，先儒以「明德爲本，新民爲末，」兩物而內外相對也，「事有終始」先儒以「知止爲始，能得爲終」，一事而首尾相因也。如子之說，以「新民」爲「親民」，則「本末」之說，亦有所未然歟。

曰，「終始」之說，大略是矣。即以「新民」爲「親民，」而曰「明德爲本，親民爲末」，其說亦未爲不可。但不當分「本末」爲兩物耳。夫木之幹謂之本，木之梢謂之末，惟其一物也，是以謂之「本末。」若曰兩物，則既爲兩物矣，又何可以言本末乎。「新民」之意，既與「親民」不同，則「明德」之功，自與「新民」爲二。若知「明德」以親其民，而「親民」以明其「明德，」則「明德」親民，」焉可析而爲兩乎。先儒之說，是蓋不知「明德」親民「之本爲一事，而認以爲兩事，是以雖知「本末」之當爲一物，而亦不得不分爲兩物也。

曰，古之欲明明德於天下者，以至於先修其身，以吾子明德親民之說通之，亦既可得而知矣，敢問「欲修其身，」以至於「致知在格物，」其工夫次第，又何如其用力歟。

曰此正詳言「明德」「親民」「止至善」之功也。蓋「身」「心」「意」「知」「物」者，是其工夫所用之條理，雖亦各有其所，而其實只是一物，「格」「致」「誠」「正」「修」者，是其條理所用之工夫，雖亦皆有其名，而其實只是一事。何謂「身」，心之形體運用之謂也，何謂「心」，身之靈明主宰之謂也，何謂「修身，」爲善而去惡之謂也。吾身自能爲善爲去惡乎，必其靈明主宰者，欲爲善而去惡，然後其形體運用者，始能爲善而去惡也，故「欲修其身」者，必在於「先正其心」也。然心之本體則性也，性無不善，則心之本體，本無不正也，何從而用其正之之功乎，蓋心之本體本無不正，自其意念，發動而後有不正，故「欲正其心」者，必就其意念之所發而正之，凡其發一念而善也，好之眞如好好色，發一念而惡也，惡之眞如惡惡臭，則意無不誠而心可正矣，然意之所發，有善有惡，不有以明其善惡之分，亦將眞妄錯雜，雖欲誠之，不可得而誠矣，故「欲誠其意」者，必在於「致知」焉。「致」者至也，如云「喪致乎哀」之致，易言「知至至之，」「知至」者知也，「至之」者致也，致知云者，非若後儒所謂充廣其知識之謂也，致吾心之「良知」焉耳。「良知」者，孟子所謂「是非之心人皆有之」者也，是非之心，不待慮而知，不待學而能，是故謂之「良知，」是乃天命之性，吾心之本體，自然靈昭明覺者也。凡意念之發，吾心之「良知」無有不自知者，其善歟，惟吾心之「良知」自知之，其不善歟，亦惟吾心之「良知」自知之，是皆無所與於他人者也。故雖小人之爲不善，旣已無所不至，然其見君子，則必厭然揜其不善而著其善者，是亦可以見其「良知」之有不容於自昧者也，今欲別善惡以誠其意，惟在致其「良知」之所知焉爾。何則，意念之發，吾心之「良知」，旣知其爲善矣，使其不能誠有以好之，而復背而去之，則是以善爲惡，而自昧其知善之「良知」矣，意念之所發，吾之「良知」，旣知其爲不善矣，使其不能誠有以惡之，而復蹈而爲之，則是以惡爲善，而自昧其知惡之「良知」矣，若是，則雖曰知之，猶不知也，意其可得而誠乎。今於「良知」所知之善惡者，無不誠好而誠惡之，則不自欺其「良知」而意可語也已。然欲致其良知，亦豈影響恍惚而懸空無實之謂乎，是必實有其事矣，故「致知，」必在於「格物。」「物」者事也，凡意之所發，必有其事，意所在之事謂之「物」，「格」者正也，正其不正以歸於正之謂也，正其不正者，去惡之之謂也，歸於正者，爲善之謂也，夫是之謂「格。」書言「格於上下，」「格於文祖，」「格其非心，」「格物」之「格，」實兼其義也。「良知」所知之善，雖誠欲好之矣，苟不即其意之所在之物而實有以爲之，則是物有未格，而好之之意猶爲未誠也，「良知」所知之惡，雖誠欲惡之矣，苟不即其意之所在之物而實有以去之，則是物有未格，而惡之之意猶爲未誠也。今焉於其「良知」所知之善者，即其意之所在之物而實爲之，無有乎不盡，於其「良知」所知之惡者，即其意之所在之物而實去之，無有乎不盡，然後物無不格，而吾「良知」之所知者，無有虧缺障蔽，而得以極其至矣。夫然後吾心快焉，無復餘憾而自慊矣，夫然後意之所發者，始無自欺，而可以謂之「誠」矣，故曰「物格而後知至，知至而后意誠，意誠而后心正，心正而后身修，」蓋其工夫條理，雖有先後次序之可言，而其體之惟一，實無先後次序之可分，其條理工夫，雖無先後次序之可分，而其用之惟精，固有纖毫不可得而缺焉者，此「格」「致」「誠」「正」之說，所以闡堯舜之正傳，而為孔氏之心印也。王文成公全書續編

陽明先生之學，有泰州龍溪而風行天下，亦因泰州龍溪而漸失其傳。泰州龍溪，時時不滿其師說，益啓瞿曇之秘而歸之師，蓋躋陽明而為禪矣。然龍溪之後，力量無過於龍溪者，又得江右為之救正，故不至十分決裂。泰州之後，其人多能赤手以搏龍蛇，傳至顏山農何心隱一派，遂復非名教之所能羈絡矣。泰州學案序

(六八)清以降

清世理學之言，竭而無餘華，多忌，故歌詩文史楛，愚民，故經

世先王之志衰。（三事皆有作者，然其弗逮宋明遠甚。）家有智慧，大湊于說經。亦以紓死，而其術近工眇踔善矣。始故明職方郎崑山顧炎武，爲唐韻正，易詩本音，古韻始明。其後言聲音訓詁者稟焉。太原閻君璩，撰古文尚書疏證，定東晉晚書爲作僞，學者宗之。濟陽張爾岐，始明儀禮，而德淸胡渭，審察地望，系之禹貢。皆爲碩儒。然草創未精博，時糅雜元明讕言。其成學箸系統者。自乾隆朝始。一自吳，一自皖南。

吳始惠棟，其學好博而尊聞。皖南始江永，戴震，綜刑名，任裁斷。此其所異也。

先棟時有何焯，陳景雲，沈德潛，皆尚洽通，雜治經史文辭。至棟，承其父士奇學，揖志經術，撰九經古義，周易述，明堂大道錄，古文尚書考，左傳補注，始精眇不惑于談聞。然亦氾濫百家，嘗注後漢書及王士禎詩，其餘筆語尤衆。

棟弟子有江聲，余蕭客。聲爲尚書集注音疏，蕭客爲古經解鉤沈，大共篤于尊信，綴次古義，鮮下已見。而王鳴盛，錢大昕，亦被其風。稍益發舒教于揚州，則汪中，劉台拱，李惇，賈田祖，以次興起。蕭客弟子甘泉江藩復續續，周易述。皆陳義爾雅，淵乎古訓是則者也。

震生休寧，受學婺源江永，治小學禮經算術輿地皆深通。其鄉里同學，有金榜，程瑤田。後有凌廷堪，三胡，三胡者，匡衷承珙培翬也。皆善治禮，而瑤田兼通水地聲律工執穀食之學。

震又教于京師，任大椿，盧文弨，孔廣森，皆從問業。弟子，最知名者，金壇段玉裁，高郵王念孫。玉裁爲六書音韵表，以解說文，說文明。念孫疏廣雅，以經傳諸子轉相證明，諸古書文義詰詘者皆理解。授子引之，爲經傳釋詞，明三古辭氣，漢儒所不能理繹，其小學訓詁，自魏以來未嘗有也。（王引之嘗被詔修字典，今字典繆妄如故，豈虛署其名耶，抑朽蠹之質不足刻彫也。）

近世德清俞樾，瑞安孫詒讓，皆承念孫之學。樾爲古書疑義舉例，辨古人稱名牴牾者，各從條例，使人無所疑眩，尤微至。

世多以段王俞孫爲經儒，卒最精者乃在小學，往往得名家支流，非漢世凡將急就之儕也。

凡戴學數家，分析條理，皆𠫭密嚴瑮，上溯古義，而斷以己之律令，與蘇州諸學殊矣。

然自明末有浙東之學，萬斯大斯同兄弟，皆鄞人，師事餘姚黃宗羲，稱說禮經，雜陳漢宋，而斯同獨尊史法，其後餘姚邵晉涵，鄞全祖望繼之，尤善言明末遺事。會稽章學誠，爲文史校讎諸通義，以復歆固之學。其卓約近史通，而說禮者羈縻不絕。定海黃式三，傳浙東學，始與皖南交通，其子以周，作禮書通故，三代度制大定。唯漸江上下諸學說，亦至是完集云。

初，大湖之濱，蘇常松江太倉諸邑，其民佚麗。自晚明以來，熹爲文辭，比與飲食會同，以博依相問難，故好劉覽而無紀綱，其流徧江之南北。惠棟興，猶尙該洽百氏，樂文采者相與依違之，及江永戴震起徽州，徽州於江南爲高原，其民勤苦善治生，故求學深邃，言直覈而無溫藉，不便文士，震始入四庫館，諸儒皆震竦之，願斂衽爲弟子，天下視文士漸輕，文士與經儒始交惡。而江淮間治文辭者，故有方苞，姚範，劉大櫆，皆產桐城，以效法曾鞏歸有光相高，亦願尸程朱爲後，世謂之「相城義法」，震爲孟子字義疏證，以明材性，學者自是疑程朱。桐城諸家，本未得程朱要領，徒援引膚末，大言自壯，（案方苞出自寒素，雖未職程朱深旨，其孝友嚴整，躬行足多矣。諸姚生于紈絝綺襦之間，特稍恬淡自持，席富厚者自易爲之，其佗躬行未有聞者。既非誠求宋學，委蛇寧靜，不足稱實踐，斯愈庳也。）故尤被輕蔑，從子姚鼐，欲從寧學，震謝之，猶亟以微言匡飭，鼐不平，數持論詆樸學殘碎。其後方東樹爲漢學商兌，徽識益分。（東樹亦略識音聲訓故，其非議漢學，非專誣讕之言。然東樹本以文辭爲宗，橫欲自附宋儒，又奔走阮元鄧廷楨間，躬行佞諛，其行與言頗相反，然漢學自三數大師外，亦多拘牽之見，詩宗毛公是也。顧未能簡異鄭箋，鄭箋多雜三家，文義又輒戾不調，將何取焉。易宗孟氏，乃因說文敘中有易孟氏爲古文之說，不知其爲文誤，而强仞爲先秦師說。其于費氏，又重鄭輕王，不悟王易多同馬氏，古文家說固然，王鄭言易，其高下亦奚啻霄壤乎。又王肅雖多誣造，然其探本賈馬之說，尙爲古文舊誼，與康成雜糅今古有殊。今人寧尊鄭氏而黜賈馬，其見已鄙。醲嘲之由，宜在茲乎。）陽湖惲敬陸繼輅，亦陰自桐城受義法。其餘爲儷辭者衆，或陽奉戴氏，實不與其學相容。（儷辭諸家，獨汪中稱頌戴氏學，已不類，其佗率多辭人，或略近惠氏，戴則絕遠。）

夫經說尙樸質，而文辭貴優衍，其分涂自然也。文士旣以嬰蕩自喜，又恥不習經典，于是有常州今文之學，務爲瑰意眇辭以便文士。

今文者，春秋公羊，詩齊，尚書伏生，而排擯周官，左氏春秋，毛詩，馬鄭尚書。然皆以公羊爲宗。

始武進莊存與，與戴同時，獨熹治公羊氏，作春秋正辭，猶稱說周官。

其徒陽湖劉逢祿，始專主董生，李育，爲公羊釋例。屬辭比事，類列彰較，亦不欲苟爲恢詭。然其辭義溫厚，能使覽者說繹。

及長洲宋翔鳳，最善傅會，牽引飾說，或采翼奉諸家，而雜以讖緯神秘之辭。翔鳳嘗語人曰，「說文始一而終亥，即古之歸藏也。」其義瑰瑋而文特華妙，與治樸學者異術，故文士尤利之。

道光末，邵陽魏源，夸誕好言經世，嘗以術奸說貴人，不遇，晚官高郵知州，益牢落，乃思治今文爲名高，然素不知師法略例，又不識字，作詩書古微，凡詩今文有齊，魯，韓，書今文有歐陽，大小夏侯，故不一致，而齊，魯，大小夏侯，尤相攻擊如仇讎。源一切混合之，所不能通，即歸之古文，尤亂越無條理。

仁和龔自珍，段玉裁外孫也，稍知書，亦治公羊，與魏源相稱譽。而仁和邵懿辰，爲尙書通義，禮經通論，指逸書十六篇，逸禮三十九篇，爲劉歆矯造。顧反信東晉古文，稱誦不衰，斯所謂倒植者。要之三子皆好姚易卓犖之辭，欲以前漢經術，助其文采，不素習繩墨，故所論支離自陷，乃往往如讝語。

惟德淸戴望，述公羊以贊論語。爲有師法。而湘潭王闓運，徧注五經。闓運弟子有井研廖平，自名其學時有新義。以莊周爲儒術，左氏爲六經總傳，說雖不根，然猶愈魏源輩絕無倫類者。

大氏清世經儒，自今文而外，大體與漢儒絕異。不以經術明治亂，故短于風議，不以陰陽斷人事，故長于求是。短長雖異，要之皆徵其通雅。何者傳記通論，闊遠難用，固不周于治亂，建議而不讎，夸誣何益。讖鬼象緯五行占卦之術，以神教蔽六利，怪妄。孰與斷之人道，夷六蓺于古史，徒料簡事類，不曰吐言爲律，則上世人事汙隆之迹，猶大略可知。以此綜貫，則可以明流變，以此裂分，則可以審因革。故惟惠棟張惠言諸家，其治周易，不能無捃摭陰陽，其佗幾于屏閣。雖或瑣碎識小，庶將遠于巫祝者矣。

晚有番禺陳澧，善治聲律切韵，爲一家言。當惠戴學衰，今文家又守章句，不調洽于佗書，始知合漢宋爲通義，及讀書記。以鄭玄朱熹遺說最多，故棄其大體絕異者，獨取小小翕盍以爲比類，此猶揃豪於千馬，必有其分𠛬，色理同者。

澧亦絜行善教授，諸顯貴務名者多張之。弟子不能傳其聲律韵書，稍倘記誦，以言談剿說取人。及翁同龢潘祖蔭用事，專以談聞召諸小儒。學者務得宋元雕槧，而昧經記常事，淸學始大衰

仲長子曰，「天下學士有三姦焉。實不知，詳不言，一也，竊伦人之說以成已說，二也，受無名者移知者，三也，」（見意林五引昌言。按令世游閒之士，多喜刺探貴人意旨，因以酬對，或有豫檢書傳，用應猝乏，深可鄙笑。昔宋世苟昶，欲舉其子萬秋對策，以示沙門慧琳。慧琳曰，「此不須看。若非先見而答，貧道不能爲，苦先見而答，貧道奴皆能爲。」今之取人意旨者，多似慧琳所譏。乃至科舉對策，學校考驗，悉亦類此。）

自古今文師法散絕，則唐有五經周禮儀禮諸疏，宋人繼之，命曰十三經注疏。然書用枚頤，左氏春秋用杜預，孝經用唐宣宗，皆不厭人望。周易家王弼者，費氏之宗子。道大而似不肖，常見笑世儒，正義又疏略。枚頤僞爲古文，仍世以爲壁藏于宣父，其當刊正久矣。毛詩傳最篤雅，箋失其宗，而詩譜能知遠。鄭氏三禮無閒也。疏人或未通故言舊事，多違其本。

至清世爲疏者，易有惠棟述，江藩李林松述補，（用荀虞二家爲主，兼采漢儒各家，及乾鑿度諸緯書。（張惠言虞氏義。雖拘滯。趣以識古。

書有江聲集注音疏，孫星衍古今文注疏。（皆削僞古文。其注，孫用大傳史記馬鄭爲主，江閒入己說。然皆采自古書，未有以意鉱析者。）

詩有陳奐傳疏。（用毛傳，棄鄭箋。）

周禮有孫詒讓正義，儀禮有胡培翬正義。

春秋左傳有劉文淇正義，（用賈服注，不具，則兼采杜解。）公羊傳有陳立義疏。

論語有劉寶楠正義。

孝經有皮錫瑞鄭注疏。

爾雅有邵晉涵正義，郝懿行義疏。

孟子有焦循正義。

諸易義不足言，而詩疏稍膠固。其他皆過舊釋，用物精多，時使之也。

惟禮記穀梁傳獨闕，（邵晉涵有穀梁正義，見錢大昕邵君墓志銘。世未見其書，亦或未成。）將孔疏翔實，後儒弗能加，而穀梁氏淡泊鮮味，治之者稀，前無所襲，非一人所能就故。

他易有姚配中，（著周易姚氏學。）書有劉逢祿，（著書序述聞，尚書今古文集解。）詩有馬瑞辰，（著毛詩傳箋通解。）胡承珙，（著毛詩後箋。）探嘖達恉，或高出新疏上。

若惠士奇段玉裁之於周禮，（惠有禮說，段有漢讀考。）段玉裁王鳴盛之於尚書，（段有古文尚書撰異，王有尚書後案。）劉逢祿凌曙包愼之於公羊，（劉有公羊何氏釋例，及解詁箋，凌有公羊禮疏，包有公羊歷譜。）惠棟之於左氏，（有補注。）皆新疏所采也。

焦循爲易通釋，取諸卦爻中文字聲類相比者，從其方部，觸類而長，所到冰釋，或以天元術通之。雖陳義屈奇，詭更師法，亦足以名其家。（李善蘭曰，「太極即點，天元即線，天元自乘即面，天元再乘即體。」準此，則四元術所云太極，即可比易之太極矣，太極引而長之爲天元，則太極生兩儀矣，天元自乘，則兩儀生四象也，天元再乘，則四象生八卦也。然則太極即旋機，猶歐羅巴人所謂重心，而王弼之說，眞無可易矣，焦循雖少重王弼，然猶以玄言爲非，則滯于常見也。）

黃式三爲論語後案，時有善言，異於先師，信美而不離其樞者也。

穀梁傳，惟侯康爲可觀（箸穀梁禮證。）其餘大氐疏闊。

禮記在三禮閒，獨寡訓說，朱彬爲訓纂，義不師古，陳喬樅俞樾幷爲鄭讚考，江永有訓義擇言，皆短促不能具大體。其佗禮箋，（金榜箸。）禮說，（金鶚箸。）禮書通故（黃以周箸。）諸書，博綜三禮，則四十九篇在其中矣。而秦蕙田五禮通考，窮盡二千餘年度法，欲自比通典，熹以世俗正古禮，雖博識，固不知量也。

然俗流言十三經，孟子故儒家，宜出。唯孝經，論語，七略入之六蓺，使專爲一種，亦以尊聖泰甚，徇其時俗。六蓺者，官書異於口說，禮堂六經之策，皆長二尺四寸，（鹽鐵論詔聖篇，「二尺四寸之律，古今一也。」後漢書曹褒傳，「新禮寫以二尺四寸簡。」是官書之長，周漢不異，）孝經謙半之，論語，八寸策者三分居一，又謙焉。（鄭論語序。）以是知二書故不爲經，宜隸論語儒家出孝經使傳禮記通論，（凡名經者，不皆正經，賈子容經，亦禮之傳記也。）即十三經者當財減也。獨段玉裁少之，謂「宜增大戴禮記，國語，史記，漢書，資治通鑑，及說文解字，周髀算經，九章算術，皆保氏書數之遺，集是八家，爲二十一經。」其言閎達，爲雅儒所不能論。

至於古之六蓺，唐宋注疏所不存者，逸周書，則校釋於朱右曾，尚書歐陽夏侯遺說，則考於陳喬樅，三家詩遺說，考於陳喬樅，齊詩翼氏學，疏證於陳喬樅，大戴禮記，補注于孔廣森，國語，疏於龔麗正，董增齡，其扶微輔弱，亦足多云。

及夫單篇通論，醇美墧固者，不可勝數。一言一事，必求其徵，雖時有穿鑿，弗能越其繩尺。甯若計簿，善承듄視，而不惟其道，以俟後之咨于故實而考迹上世汙隆者，舉而措之，則質文蕃變，較然如丹墨可別也。然故明故訓者，多說諸子，唯古史亦以度制事狀，徵驗

其務，觀世知化，不欲以經術致用灼然矣。若康熙雍正乾隆三世，纂修七經，辭義往往鄙倍，雖蔡沈陳澔，爲之臣僕而不敢辭，時援古義又椎鈍弗能理解。譬如薰糞雖糅，徒覩其汙點耳。而徇俗賤儒，如朱彝尊，顧棟高，任啟運之徒，瞢學冥行，奮筆無怍，所謂鄉曲之學，深可忿疾，譬之斗筲，何足選也。章炳麟清儒

總之吾國學術自漢迄清末，幾全在儒家勢力範圍內，雖東漢有王充之雜家，仲長統之半道家，及兩晉六朝之淸談家道家，隋唐之佛家，亦不過曇花一現而已。

民國以來，孔教一尊之說，已爲士夫所不齒，且有進一步而唱打倒孔家店，線裝書盡付之毛厠裏者，是匪獨儒家要被淘汰，卽諸子百家之書，亦要同歸於盡，足徵現代學術思想已進步至不守任何宗派，

任何先聖前賢之說，而朝新月異矣。

夫人各有個性，各是其所是，而非其所非，孟子不滿於楊墨，而斥楊墨爲禽獸，韓愈不懌於釋氏，至欲毀其書，爐其居，然楊墨依然楊墨，釋氏依然釋氏，曾不能以對方之反對而減其聲價，而在學術思想之總成績看，則因反對攻擊之結果，往往生出反動，而使被反對之學說益彰明益進步，故近人愈言打倒孔家店，而孔家店之眞象愈明，愈言線裝書盡付之毛厠裏，而深刻研究線裝書者較前轉有增無已，此豈非被反對攻擊之學說而愈益彰明益進步之明驗歟？

在此時期中研究線裝書甚著成績者當首推餘杭某氏，氏於小學極有根底，其徒散布海內，多爲名師，盖源遠而流長也。

與餘杭相伯仲者有南海康氏長素，康氏淵源頗出自井研廖季平。

治今文，創「改制」「三世」之說，其徒新會梁任公，獨以史學鳴，而又博極羣書，爲當代鉅儒，其聲價直牟康氏，而始也濫耳，世稱康梁焉。

廖季平師事湘潭王壬秋，與吾師崔懷瑾(適)同長於今文學說。

與崔師同時者有海寧王氏國維，氏於鐘鼎卜辭甚有心得。

與長素同時者，有瀏陽譚嗣同，著仁學，有名於時。

與餘杭同時者，有紹興某氏，於學無所不包，於人無所不容，提倡新學，五四以來，舉國雲從，凡前此自心理上構成之玄想學術，今已擴張至自物質上構成之自然學科，其思想皆以科學之求証爲基礎。

故自五四以來，中國學術，可分二大支。

(一)溫故派，餘杭某氏爲中心。

(二)溫故且知新派，紹興某氏爲中心。

二氏徒屬甚衆，皆以科學方法研究學術爲世所宗仰云。

國學概論勘誤表

林之棠

小學篇

頁	行	誤	正
八	十	又	乂
八 音韻舉要	圖中	裏爲甏熊外骨	

覆僞篇

頁	行	誤	正
四	六	術	技
五	五	傳	傳
六	二	言一武	言「武
六	二	杵」	杵
六	二	數至	至
六	三	上	土
六	四	壞	壤
七	六	囊	襄
八	八	終	宗
十四	四	元	亢

經篇

十七	三	薇	藏
十九	三	伙	伏
十九	四	治	沿
二十三	一	是	書
二十三	六	氣	氛
二十五	一	皆據亦好	皆據
二十五	四	敬』	敬
二十八	三	劉熙石	劉熙
二十九	一	〇	亦好

子篇

五十八	四	之子韓	韓子之
五十九	五	之之	之
一五〇	九	達	遠
一五三	六	史刺	刺
一五五	二	徒	徙

中華民國二十二年四月一日初版
國學概論全書一冊
定價大洋壹元
著者　福建林之棠
發行者　華盛書社
北平東安市場桂銘商場
電話東局四一七一
印刷者　中華印書局
楊梅竹斜街中間路南
電話南局一六七三
分售處　本市外埠各大書坊